DANS LE CŒUR DES HOMMES

DU MÊME AUTEUR

Prévention du sida en milieu spécialisé, dirigé par Serge Hefez, Tim Greacen et Aude Marzloff, Érès, 25 juin 1996.

Sida et vie psychique : approche clinique et prise en charge, dirigé par Serge Hefez, préface de Jonathan Mann, La Découverte, 1996.

La Danse du couple, avec Danièle Laufer, Hachette Littératures, 2002.

Quand la famille s'emmêle, Hachette Littératures, 2004.

Un écran de fumée, avec Béatrice Bantman, Hachette Littératures, 2005.

Les Nouveaux Ados, avec Marcel Rufo, Philippe Jeammet, Patrice Huerre, Daniel Marcelli, Bayard, 2006.

La Famille adolescente, avec Jean-Clair Boulay, Patrick Chaltiel, Didier Destal, Elida Romano, Erès, 2006.

Serge Hefez

DANS LE CŒUR DES HOMMES

Ouvrage publié en collaboration
avec Valérie Péronnet

HACHETTE
Littératures

Pour l'éditeur, le principe est d'utiliser des papiers composés de fibres naturelles, renouvelables, recyclables et fabriquées à partir de bois issus de forêts qui adoptent un système d'aménagement durable.
En outre, l'éditeur attend de ses fournisseurs de papier qu'ils s'inscrivent dans une démarche de certification environnementale reconnue.

ISBN : 978-2-01-237285-6

« Il est indispensable de se rendre compte
que les concepts de "masculin" et "féminin",
dont le contenu paraît si peu équivoque
à l'opinion commune, font partie des notions
les plus confuses du domaine scientifique... »

Sigmund Freud, *Trois essais sur la théorie sexuelle* (1905),
Gallimard, 1987

À mon frère Sylvain, l'enfance au masculin.

À Fabrizio, l'ami de cœur.

Avant-propos

Depuis un siècle, les femmes s'interrogent sur la nature du féminin et sur la construction sociale de la féminité. Depuis un demi-siècle, les homosexuels affrontent les questionnements sur le genre et l'identité sexuée dans son rapport à l'identité sexuelle. Et, pendant tout ce temps, les hommes, fidèles au lapidaire « ni une gonzesse ni une tapette », sont restés muets, sûrs que leur masculinité, garante de l'universalisme, allait de soi. Comme s'ils regardaient « les autres » changer sans être concernés ; comme s'ils subissaient toutes ces transformations sans même se donner la peine d'y penser.

Muets, sauf dans les cabinets de psy. Depuis plus de vingt-cinq ans, j'écoute et je reçois des hommes sur mon divan, mais aussi en thérapie familiale ou de couple. De plus en plus d'hommes. Et j'entends, je vois ces mutations qui les interpellent, les déstabilisent, les effraient parfois.

Qu'est-ce qu'un homme ? Qu'est-ce qu'un père ? Pour eux – et pour les couples, les familles –, ces questions sont douloureuses, parfois jusqu'à l'extrême. Mais bénéfiques, aussi, me semble-t-il. Il était temps que les hommes, à leur tour, se mettent en mouvement. En se départissant du bouclier obligatoire de la virilité et de la domination ; en pénétrant de plus en plus l'univers des émotions, de l'intimité, du partage jusque-là réservé aux femmes ; en interrogeant la figure du patriarcat pour pouvoir s'en éloigner, ils s'autorisent enfin à explorer des parties d'eux-mêmes auxquelles ils n'avaient pas accès et qui les transforment en individus complets.

Notre société aussi souffre de ces questions. Pendant que certains se métamorphosent et modifient leur vision intérieure du masculin, d'autres s'arc-boutent désespérément pour préserver les valeurs traditionnelles. Dans une même ville, à quelques mètres les uns des autres, vivent des hommes qui n'ont pas du tout la même perception de ce que peuvent être les hommes, et des rapports qu'ils sont censés entretenir avec les femmes, les enfants, les autres... Ainsi, dans une même famille, on retrouve cette fracture entre générations. Les caractéristiques de la virilité sont devenues confuses, et la construction de l'identité masculine plus complexe. Il ne suffit pas d'être fort, viril, courageux, d'accumuler les conquêtes et de ne pas montrer ses sentiments ; pour un homme, savoir exprimer ses émotions est désormais un signe d'intelligence plutôt que de faiblesse. Pour tous existe une tension entre des normes contradictoires. L'homme, le « vrai », continue de nourrir les fantasmatiques masculines comme féminines. Le héros qui rassure et protège, décide et maîtrise, prend des risques et des initiatives n'est pas mort ; mais les femmes peuvent aussi se plaire à rêver d'incarner à leur tour ce héros. Elles peuvent dans le même mouvement aspirer à la protection et à l'autorité masculines et s'en plaindre ; l'ambivalence est au cœur des rapports entre les sexes.

Trop viril, trop doux, trop macho, trop présent, trop laxiste, trop absent, lorsque ce ne sont pas leur compagne qui leur reproche de ne pas être à la bonne place, les hommes s'en chargent eux-mêmes. Coincés entre la figure d'autorité que chacun rêve et refuse en même temps de voir incarnée dans la famille, et les imprécations des tenants du « c'était mieux avant » qui enjoignent chacun de reprendre « sa » place, telle que la « nature » l'aurait prévue depuis toujours, les hommes ne savent plus où ils (en) sont. La justice non plus, d'ailleurs, qui prône une stricte égalité entre les hommes et les femmes, les pères et les mères, mais donne le plus souvent la prépondérance aux unes sur les autres ; qui oscille parfois jusqu'à la tragédie entre père biologique et père nourricier ; et qui se perd dans tous ces nouveaux conflits de garde alternée, de reconnaissance de paternité, d'autorité conjointe d'ex-conjoints, d'homoparentalité, qui posent et reposent sans cesse la question de l'identité masculine.

Oui, les hommes sont en crise parce qu'ils reçoivent toutes ces interrogations de plein fouet sans disposer des clés qui leur permettraient d'y répondre. Ils n'ont pas l'habitude de réfléchir sur eux, non pas parce que ça n'est pas dans leur nature, comme on voudrait nous le faire croire, mais parce que ça n'est pas dans leur culture. Leur tâche, à eux, c'était de parcourir le monde pour le transformer, de se battre pour défendre leurs valeurs et pouvoir les transmettre à leur descendance, de protéger leur femme et leur clan, de trancher dans ce qui empêche d'aller de l'avant... Depuis toujours, le féminin conjuguait l'enfantement et la fusion, le masculin opérait la transmission et la séparation. Et voilà qu'aujourd'hui, hommes et femmes engendrent, nourrissent, élèvent, transmettent et s'associent dans l'autorité conjointe. Mais c'est pourtant aux hommes qu'il est reproché « de ne plus être des hommes », de ne plus savoir séparer, de négliger la transmission symbolique.

Depuis quand est-ce si difficile, pour les hommes, d'être des hommes ? Depuis le déclin du masculin, diront certains ; la féminisation de la société, la confusion des genres ; le grand n'importe quoi dans lequel nous serons finalement tous engloutis, en vérité, en vérité, ils nous le disent ! Tous ces discours terrifiants (terrifiés ?) d'imprécateurs chagrins, parmi lesquels un certain nombre de mes éminents confrères, ne peuvent pas, ne veulent pas envisager que cette évolution, dont les hommes subissent pour le moment les secousses et les contrecoups, pourrait être bénéfique ! Elle l'est déjà, pourtant.

Même si chacun cherche ses marques, même si les hommes détiennent encore les clés du pouvoir économique et politique, si neuf dixièmes des grands patrons de ce pays continuent d'être des hommes, si, à compétences égales, ils touchent des salaires 10 à 15 % plus élevés que leurs collègues féminines, une chose fondamentale a changé dans leur vie, de façon profonde et durable : ils aspirent à une vraie intimité conjugale et familiale. Ils veulent être heureux dans leur vie privée, s'occuper de leurs enfants, s'épanouir intérieurement. Et ça passe avant leur travail. De plus en plus.

Cette passion de l'intime s'est déployée dans une implacable dramaturgie lors de la dernière période d'élection présidentielle : on a vu deux couples très différents s'y affronter dans un combat sans merci. D'un côté, un couple « complémentaire », mais à la tête d'une famille « moderne », puisque recomposée, au sein duquel un homme dominateur est mis à mal par l'indépendance de sa conjointe. De l'autre, un couple « égalitaire », tant d'un point de vue privé que public, pour lequel l'égalité semble néanmoins assez compliquée à gérer. Et, au centre du débat, au-delà des : qui porte la culotte ? qui a des couilles ? qui a ses nerfs ? et qui va garder les enfants ? ont émergé de vraies questions de fond sur le pouvoir féminin ou masculin, et sur les rapports sociaux de sexe : qu'est-ce qu'être un homme, qu'est-ce qu'être une femme aujourd'hui ?

Depuis mon double fauteuil de thérapeute conjugal et familial, mais aussi d'analyste, j'ai la chance de pouvoir observer à la jonction du social et du psychique la société dont je fais partie. Je vois les couples et les familles s'interpeller sur leurs rôles sociaux, en même temps que se bagarrent dans leurs inconscients les représentations de ce que « doit être » un homme ou une femme. Les thérapies de couple et de famille interrogent les rôles sexués des uns et des autres, et la place de chacun dans la société, pendant que les hommes cherchent, au cours de leur psychanalyse, comment se fabrique leur psychisme d'homme à partir de leur héritage, mais aussi de leur corps et de ses sensations.

Tous les changements culturels autour de l'égalité des sexes, des rôles de pouvoir, interpellent très profondément le système de représentations sur lequel nous sommes construits depuis toujours. Grâce au phallus dont la nature l'a doté, l'homme serait forcément actif, pénétrant, tourné vers l'extérieur, au contraire de la femme que son vagin rend passive, puisque pénétrée, et tournée vers l'intérieur ! Personne ne niera le fait que posséder un pénis ou un vagin, occuper telle ou telle position dans le coït, porter un enfant dans son ventre et accoucher, avoir un organisme inondé d'œstrogènes ou de testostérone engendre des univers fantasmatiques, des structures de pensée et des modes d'être au monde. La différence entre les hommes et les femmes s'inscrit dans les organes reproducteurs, et l'organisation du monde par opposition entre les sexes est primordiale dans la formation de la pensée chez l'enfant. Il n'en demeure pas moins que chaque société, en attribuant à la différence des sexes une interprétation contraignante pour l'individu, définit et enferme le masculin et le féminin dans de tels carcans qu'il faut un travail considérable pour dégager ce qui ne peut être nié de cette différence. Il y a peu de données biologiques qui ne se transforment immédiatement en constructions sociales et politiques ; si les différences sociales des sexes ne sont pas sans rapport avec les différences biologiques, elles sont toujours une interprétation, une modification, une amplification. La fabrication des hommes et des femmes commence dès la naissance, nous le verrons largement dans cet ouvrage.

Les femmes ont peu à peu acquis ce qui, jusqu'alors, était réservé aux hommes : l'autonomie sociale, économique et de pensée, la capacité de s'adapter au monde extérieur, le courage, la ténacité, la transmission, la séparation, l'esprit combatif... Les hommes, eux, commencent tout juste à accéder à ce qui était réservé aux femmes : l'intimité, la fusion, le corps à corps avec les enfants, l'expression des émotions et des sentiments, les valeurs affectives et relationnelles. C'est normal que le bateau tangue un peu, sous le déséquilibre. Mais il me semble que ceux qui y voient le début de l'apocalypse ne font que pleurer le temps où la domination masculine était inattaquable. Les femmes ont gagné à apprendre l'autonomie. Les hommes gagneront à apprendre l'intimité, j'en suis certain ; d'ailleurs, ils sont en chemin...

Moi-même, je fais partie de cette première génération d'hommes pour qui il était possible d'entrebâiller la porte. J'avais vingt ans dans les années 1970, au moment de ce bouleversement profond des rapports entre les hommes et les femmes. J'ai nourri beaucoup d'espoir en voyant la révolution féministe et les mouvements homosexuels rendre possible « autre chose ». Je m'y suis investi, avec enthousiasme et passion, comme homme, puis comme père de trois filles, et comme professionnel. Comme tous mes confrères psychothérapeutes, en mettant à disposition de mes patients mon espace psychique, j'ai développé des qualités d'accueil et de réceptivité, une capacité de rêverie proche de ce qui lie une mère et son enfant, et que les pères connaissent aujourd'hui de mieux en mieux. À l'opposé, l'acte analytique, l'interprétation, pénètre et féconde, imprime une séparation, une section. Mon métier me met en position de recevoir tout ce qui est projeté par mes patients, dans le double mouvement, masculin et féminin, actif et réceptif. Ces questions sur le masculin, et sur la part féminine inscrite en chacun d'entre nous, je les ai hébergées en moi, pour les transformer et trouver une parole qui aide et accompagne.

Et j'observe au quotidien, dans mon cabinet, comment se mettent en place des nouveaux modes de relations entre les hommes et les femmes. Dans mon cabinet, mais aussi dans mon salon et ma salle à manger : mes filles ont grandi. Je les regarde évoluer dans leurs bandes de copains, où tout est réellement, profondément, différent. J'entends la parole se délier, y compris chez les jeunes hommes. Et je les vois inventer tranquillement un monde égalitaire où masculin et féminin s'interpénètrent avec fluidité, curiosité, respect, allégresse. On est bien loin de l'apocalypse. C'est plutôt réjouissant !

1.

C'est un garçon !

« S'il est difficile d'être une femme,
il est impossible d'être un homme. »
Ferdinando Camon, *La Maladie humaine.*

Romain et Violaine ont une trentaine d'années. Ils se sont rencontrés à la fac, ont fait les mêmes études, exercent à peu près le même métier et gagnent des salaires équivalents. Ils se sont mariés il y a trois ans, après plusieurs années de vie commune. Et s'ils viennent me voir, c'est pour que je les aide à divorcer...

Tout avait pourtant commencé sous les meilleurs auspices : Violaine, fille unique d'un couple très vite déchiré, s'était jurée de ne pas retomber dans le schéma de ses parents. Elle raconte en riant qu'elle savait, avant de rencontrer Romain, qu'elle trouverait un homme moderne, doux, charmant, intelligent, avec qui elle serait sur un pied d'égalité. Ils construiraient ensemble une vie de couple respectueuse et sans conflits. Vivraient dans une jolie maison. Avec un gentil chien, et un chouette 4 × 4. Quand elle a croisé Romain, tout s'est emboîté parfaitement : fils d'une famille unie, élevé avec amour par des parents cool et sans soucis, il est beau, courtois, prévenant, et tout à fait d'accord avec elle sur l'idée d'un couple égalitaire et harmonieux, construit sur l'échange et le partage. Ils construisent, donc, dans l'égalité, l'échange et le partage. Leur rencontre sexuelle – une révélation – est elle aussi fondée sur la fluidité des échanges et des désirs de chacun.

Mais assez vite, Violaine s'ennuie. Dans son travail, puis aussi, petit à petit, quand elle rentre *chez elle*, et qu'elle retrouve son mari. Elle déprime, fatigue, se traîne. Il prend soin d'elle. Fait tourner la maison, pour qu'elle n'ait pas à s'en préoccuper et qu'elle puisse se reposer, puisqu'elle est fatiguée. Courses, ménage, vaisselle, cuisine, et petites attentions réconfortantes ; rien n'y fait. Malgré les efforts de son parfait mari, Violaine se sent de moins en moins bien. Pire, l'attitude tendre et prévenante de Romain l'exaspère de plus en plus. D'ailleurs, elle ne le supporte plus. Elle prend un amant ; un homme débordé d'activités qui la traite sans ménagement. Elle quitte Romain, la maison, le chien, le 4 × 4. Et elle décide de divorcer...

C'est un garçon !

Romain est effondré. Il aime cette femme, et il ne comprend pas : qu'est-ce qu'elle veut ? Qu'a-t-il mal fait ? À qui la faute ?

Dans une vision du déclin des valeurs viriles grandissante en ces temps troublés, l'histoire de Romain est simple et exemplaire : ce garçon n'a pas tenu son rôle d'homme. L'égalité des rôles, le partage du pouvoir, la confusion des rôles sexués ont anéanti leur désir. Si cet homme avait été un peu plus « couillu », rien de tout cela ne serait arrivé. Et c'est sans doute la faute de ses parents, si « cool », qui l'ont élevé en négligeant de lui transmettre les valeurs ancestrales, établies par la nature même des différences entre les garçons et les filles : action, fermeté, autorité, protection... Voilà ce qui se passe lorsque homme et femme ne tiennent pas leur place...

Être un homme est de moins en moins un état de la nature, et de plus en plus un problème à résoudre. Nous sommes dans l'ère de l'arroseur arrosé, du dominant dominé par sa domination, voguant entre deux écueils, ne pas être assez masculin, ou au contraire l'être trop.

L'injonction « Sois un homme » montre bien à quel point cela ne va pas de soi. Il y a un effort pathétique, comme l'a souligné Pierre Bourdieu [1], à se montrer à

1. Pierre Bourdieu, *La Domination masculine*, Paris, Seuil, coll. « Points essais », 2002.

la hauteur de cette tâche, et une souffrance indicible à y échouer. Les hommes d'aujourd'hui se demandent comment se libérer de cette contrainte, source de déséquilibre pour eux et de mésentente avec leurs compagnes. Mais en s'interrogeant depuis fort longtemps sur leur nature féminine et sur les conditions de leur aliénation, les femmes ont pris une longueur d'avance. Elles ont pu s'extraire du « ou, ou » dans lequel elles étaient cantonnées (du type maman ou putain) pour réaliser un mouvement d'intégration composé de « et, et » : mère et amante, corps et esprit, enfantement et travail. Quitte à trouver parfois pesants ces destins de *superwomen.* Quitte, comme Violaine, à voguer en pleine contradiction dans une quête d'un maître sur lequel elles puissent régner.

Dans un état d'esprit nettement moins réflexif, des hommes cherchent désespérément, comme Romain, une réponse à la question « Que me veut-elle ? » (*« Che voi ? »* chante Don Juan), et se sentent propulsés dans un « ni, ni », ni macho ni soumis, ni trop doux ni trop agressif, ni trop présent ni trop absent, qui leur donne le sentiment d'avoir en permanence tout faux...

Heureusement, les méandres des histoires individuelles sont toujours bien plus subtils et mystérieux que veulent bien nous le faire croire magazines et marchands de « y a qu'à ». Ce serait mentir que prétendre avoir une explication claire et limpide : mais si l'on veut comprendre de quoi souffrent Romain et ses congénères, aujourd'hui, il me semble qu'il faut prendre le temps de retourner aux sources mêmes de leurs existences, pour voir d'où ils viennent et quels chemins ils ont parcouru...

Qu'est-ce qu'un garçon ?

« Quand l'homme était l'Homme [1] », écrit Élisabeth Badinter pour rappeler que la langue française désigne du même mot le mâle et l'humain. Représentant de l'humanité, critère de référence, l'homme n'a jamais eu à s'interroger sur sa spécificité. L'expérience personnelle du genre était sans importance et conférait à la nature de l'homme une invisibilité. Rousseau prétendait ainsi : « Le mâle n'est mâle qu'en certains instants, la femelle est femelle toute sa vie. » Et pour enfoncer le clou, il ajoutait : « En tout ce qui ne tient pas au sexe, la femme est Homme. » S'il s'interrogeait par hasard sur la dualité des sexes, que ce soit sur un modèle de ressemblance ou d'opposition, c'était pour affirmer sa supériorité et justifier sa domination sur la femme. Hommes et femmes évoluaient dans deux mondes distincts et ne se rencontraient guère, sinon le temps de la reproduction. De leurs différences découlait la vision idéale d'une complémentarité : comment parler d'égalité entre les

1. Élisabeth Badinter, *XY : de l'identité masculine*, Paris, Odile Jacob, 2004.

sexes puisqu'ils ne sont pas comparables ? L'égalité dans la différence, beau programme en apparence, interdit en fait toute comparaison terme à terme. Si l'homme y perd son statut de référent universel, il y gagne largement sur la part du gâteau complémentaire qu'il s'attribue, en s'appropriant notamment la sphère publique contre la sphère privée. Tout ce temps durant, et jusqu'à très récemment, l'expérience intime de la masculinité était sans aucune importance, comme tout privilège qui paraît, le plus souvent, comme allant de soi : en Europe, un Noir voit sa race tous les matins dans la glace, alors que le fait d'être blanc n'amène aucune lisibilité. Les femmes érudites du XIXe siècle s'interrogent largement sur leur statut de femme. Pas les hommes [1].

Aujourd'hui, si dans le monde du travail être un homme demeure incontestablement un avantage, la différence des races et des sexes révèle un curieux paradoxe lors des entretiens d'embauche : en effet, les femmes d'origine maghrébine y sont moins discriminées que les hommes de même origine, comme si la représentation d'une virilité très dominante, telle qu'elle l'est encore dans la culture du Maghreb, était devenue un handicap... Il y a déjà près d'un demi-siècle, Margaret Mead [2] s'interrogeait : qu'y a-t-il de commun entre le mâle Ara-

1. Élisabeth Badinter, *XY : de l'identité masculine*, *op. cit.*

2. Margaret Mead, *Mœurs et sexualité en Océanie*, Paris, Pocket, coll. « Terre humaine », 1993.

pesh, amateur d'art, qui préfère se laisser brutaliser plutôt que de se battre, et le guerrier Mundugumor, coléreux et agressif, qui mange l'ennemi capturé en parlant et en riant ? Tous les travaux montrent l'extrême variabilité des rôles et des stéréotypes masculins d'un bout à l'autre de la planète. Ici des hommes durs et agressifs. Là des hommes tendres et doux, féminins selon des critères traditionnels, vivant paisiblement les rapports entre les sexes.

Aujourd'hui que le pouvoir de l'homme est remis en question, que reste-t-il de *la* masculinité ? Et pour commencer, qu'est-ce qu'un homme ?

Dans une société surmédiatisée, où les scientifiques travaillent sur des dossiers aussi pointus que le génome humain, le clonage, la thérapie génique, la question peut sembler un peu incongrue. On pourrait même considérer que la définition de ce qu'est un garçon – et, de fait, de ce qui le différencie des filles – est une des seules réalités simples et faciles à établir dans le domaine de la recherche scientifique ! Le nombre d'ouvrages qui tentent d'expliquer aux hommes comment parler aux femmes, et aux femmes comment se faire comprendre des hommes, tend pourtant à prouver le contraire : si, anatomiquement, on est à peu près au point sur cette question, on est loin d'avoir vraiment saisi ce qui se passe dans la tête et dans le cœur des uns et des autres... Il est bon parfois de reprendre les choses depuis le début pour être bien certain de ne pas partir sur de mauvaises bases. Et ça permet, de temps en temps, de faire des découvertes surprenantes !

*Histoires d'*y

Donc, le monde est divisé en deux sexes : les garçons et les filles, qui deviennent, un peu plus tard, des hommes et des femmes. Au-delà de l'asymétrie des organes génitaux, une seule chose les différencie, que les scientifiques ont découverte il y a un siècle à peine, parce qu'elle est invisible à l'œil nu : nous sommes tous porteurs de vingt-trois paires de chromosomes, dont vingt-deux sont identiques. C'est dans la vingt-troisième paire que tout se joue : *xx* pour les filles, *xy* pour les garçons. Génétiquement, c'est l'unique élément qui les sépare. Et c'est si peu !

Quelques anomalies très rares peuvent semer le trouble et perturber plus ou moins gravement la vie de ceux qui en sont porteurs : un homme peut avoir, par exemple, un chromosome *x* supplémentaire. Mais ça ne suffit pas pour être une fille : la seule présence d'un *y* fait basculer dans le camp des garçons. On trouve aussi quelques *xyy*, qui déterminent des hommes plutôt violents, comme si ce supplément de *y* leur ajoutait une sorte de masculinité pathologique incontrôlable. Il existe aussi d'autres « bugs » chromosomiques, comme le syndrome de Turner, où la dernière paire n'en est pas une puisqu'il reste un seul *x*, qui donne des femmes de petite taille, dépourvues d'organes génitaux internes, donc stériles, mais dont la vie peut être parfaitement normale par ailleurs.

Aussi loin que remontent les recherches sur les chromosomes, il n'a jamais été détecté ni étudié un être humain qui serait génétiquement à la fois un homme et une femme ; un hermaphrodite qui porterait en lui les organes reproducteurs des deux sexes, incarnant ainsi le fantasme d'un être absolument complet, dispensé de renoncer à l'« autre partie ». Ça n'existe pas, et ça n'a jamais existé, même si certains aiment à le raconter, et à se le raconter, et même si on sait de mieux en mieux expliquer pourquoi les êtres humains ont envie d'en rêver. Mais c'est une autre histoire, que nous retrouverons un peu plus tard...

Au commencement, la seule chose qui différencie un embryon mâle d'un embryon femelle, c'est ce petit *y* invisible et indétectable. Autant dire, rien ! D'ailleurs, les premières semaines, tous les embryons ont la même apparence : unisexe, tendance femelle. C'est là que les *x* et le *y* entrent en jeu : une paire *xx* déclenche la sécrétion d'hormones femelles, les œstrogènes et les progestatifs, alors qu'une paire *xy* détermine la sécrétion d'une hormone mâle, la testostérone. C'est sous l'influence de cette testostérone que les glandes et les tissus de l'embryon se modifient : le clitoris pousse, se referme et devient une verge ; les ovaires se transforment en testicules et descendent à l'extérieur du corps...

C'est la deuxième grande différence entre les filles et les garçons, biologique celle-là : pourvu d'hormones différentes, leur corps ne se développe pas de la même façon et fabrique des divergences anatomiques et physiologiques.

Là encore peuvent apparaître des anomalies complexes qui brouillent un peu la donne. Par exemple, un embryon chromosomiquement mâle ne fabrique pas ou très peu de testostérone. Il va grandir en gardant son aspect féminin d'origine, et naître comme une petite fille, qui ressemble à une petite fille, pourvue d'un vagin, de grandes lèvres et d'un clitoris, puisque c'est la base commune ; c'est seulement au moment de la puberté, quand toutes ses amies auront leurs règles et pas elle, qu'on s'apercevra qu'elle n'a ni ovaires, ni utérus, ni appareil reproductif, et que, d'un point de vue des chromosomes, c'est un garçon. À l'inverse, une anomalie congénitale, l'hyperplasie des surrénales, dérègle complètement la production des hormones de certaines filles, au point d'inonder l'organisme femelle de testostérone : l'embryon se développe comme un garçon et devient un bébé pourvu d'organes génitaux masculins. Mais si on teste ses chromosomes à l'aide d'un caryotype, on ne trouve aucun *y*...

Entre ces deux cas extrêmes (et très rares), il existe toute une gamme d'autres anomalies qui provoquent l'apparition d'organes génitaux « intermédiaires », à peine repérables ou qui peuvent rendre plus perplexe. La médecine les appelle les cas d'intersexuation : un clitoris un peu trop gros, une verge pas complètement construite, ou petite et sans testicules, ou pourvue, également, d'une petite fente... Repérés à la naissance, ces défauts de fabrication sont réparés grâce à la chirurgie ; et c'est le caryotype qui dit dans quel sens les corriger. Merveille du progrès, qui permet de (dé)terminer ce que la nature a un peu bâclé !

Même si cela arrive de moins en moins (merci le progrès !), il existe encore des enfants auxquels on ne fait pas suffisamment attention ; rien n'est donc détecté avant la puberté. C'est à ce moment-là, lorsque rien n'évolue comme prévu, que se pose la question cruciale : si cette fille était en fait un garçon ? ou ce garçon, une fille ? Il y a trente ans, lors d'un stage d'externat dans un hôpital militaire, j'ai travaillé dans le service qui recevait tous les jeunes gens chez qui on décelait une anomalie des organes génitaux au moment du conseil de révision. Il s'agissait généralement de garçons issus de la campagne, ou de petites villes, dont la vie familiale et sociale avait fait que jamais personne – pas même un médecin – n'était allé jeter un coup d'œil entre leurs jambes depuis qu'ils ne portaient plus de couches. À l'œil nu, lorsqu'ils étaient habillés, tous ces jeunes gens étaient visiblement des hommes, qui se comportaient comme tels, sans aucune ambiguïté. Ils étaient pourtant dotés d'organes génitaux aberrants, représentant tous les stades intermédiaires qu'on peut imaginer entre un sexe masculin et un sexe féminin. À ce moment de leur vie, plus question d'interroger le caryotype pour savoir ce que la chirurgie doit ou peut faire pour eux : ces jeunes hommes étaient des hommes, psychiquement et socialement construits comme tels. Même si, chirurgicalement, pour beaucoup d'entre eux, il aurait été plus simple d'aller vers un sexe de femme, cela aurait été leur faire une violence inouïe. Ce dont ils avaient besoin, c'était de retrouver un sexe le plus fonctionnel et le plus ressemblant possible à un sexe d'homme.

Corps et âme

Il peut paraître étrange de commencer un livre sur les hommes en décrivant tous ceux que leur corps a trahis. Cela n'est pas innocent du tout ; juste une manière de montrer que ce qui semble si simple – un homme est un homme, une femme est une femme, « y a qu'à » regarder entre ses jambes – est finalement loin de l'être ! Et, comme toujours lorsqu'il s'agit d'étudier et de comprendre l'humanité, se pencher sur les extrêmes permet d'éclairer la « norme »...

Qui est un garçon ? Qui est une fille ? En travaillant avec les transsexuels, qui semblent héberger une âme du sexe opposé et vont jusqu'à la transformation chirurgicale pour pacifier leur corps et leur esprit, j'ai pu mesurer à quel point, plus que quelques chromosomes, quelques hormones et quelques indications anatomiques, c'est la construction psychique qui détermine le sexe de chacun. Il existe des millions de transsexuels dans le monde. Des milliers d'entre eux ont été examinés sous toutes les coutures, par tous les spécialistes. Personne n'a jamais trouvé chez eux aucune anomalie chromosomique, biologique, anatomique, hormonale, décelable. Même si on peut avoir la modestie de penser que ça n'est pas parce qu'on n'a rien trouvé que rien n'existe, il est tout de même raisonnable d'aller chercher ailleurs – dans le psychisme, par exemple – ce qu'on n'a pas vu dans le corps. Chez les transsexuels que j'ai écoutés, cette construction psychique me semble évidente. Pour des raisons complexes et multiples que nous ne savons que partiellement expliquer, ces personnes se sont construites psychiquement, dès leur plus tendre enfance, dans une identité sexuée qui n'est pas celle de leur corps. On ne peut que constater qu'une fois arrivés à l'âge adulte, c'est cette identité-là qui prime, bien plus que le capital chromosomique ou biologique de départ...

Dans ce domaine aussi, toutes les gradations sont possibles : depuis l'histoire de Pierre (que je raconterai un peu plus loin), parti de la conviction d'être une fille gravée dans sa mémoire d'enfant pour arriver, finalement, à une position d'hétérosexualité assez classique après être passé par tous les stades identitaires intermédiaires ; jusqu'à Claudia, Alain ou Judith, intimement persuadés de faire partie de l'autre sexe, habités par la conviction absolue de ne pas être dans le bon corps, qui iront jusqu'à la transformation chirurgicale pour être enfin en accord avec leur psychisme.

Voilà, pour moi, ce qu'est un garçon : un individu doté de quelques caractéristiques physiques spécifiques, mais surtout construit comme tel, depuis sa naissance, au point que cela détermine tout au long de sa vie une façon d'être au monde.

Un chromosome, une hormone, un sexe, un cerveau

Comment se construit un psychisme ? Quel processus se met en place pour qu'un individu se façonne peu à peu jusqu'à pouvoir affirmer, généralement aux alentours de son troisième anniversaire : « Moi, je suis un garçon », sans avoir aucun doute à ce propos ?

Après les chromosomes, les hormones et l'anatomie, la quatrième composante qui « sexue » un individu est sans doute la plus passionnante, la plus complexe et la plus difficile à circonscrire : il s'agit de son environnement. Ce qui active immédiatement le vieux débat de l'inné et de l'acquis. Avec quelle nature un homme naît-il ? Que possède-t-il, et qu'apprend-il ? Qu'est-ce qui est génétique ? Qu'est-ce qui est culturel ?

Sans répondre complètement à ces questions existentielles, l'examen du cerveau humain peut apporter quelques indices. Quand j'ai commencé mes études de médecine, c'était une matière inerte, grise ou blanche, dont nous connaissions l'importance, sans toutefois pouvoir la mesurer, la compter, en connaître précisément le fonctionnement... La plus grande partie des connaissances réunies dans le domaine du fonctionnement psychique l'était par des psys, qui, à force d'observations, de recoupements et de projections, avaient pu en comprendre et en vérifier un certain nombre de caractéristiques. Mais d'un point de vue purement fonctionnel, nous n'en savions que très peu. Tout au plus disséquions-nous cette matière grise, sans conviction, et sans rien y découvrir de passionnant... Depuis, on a inventé l'IRM (imagerie par résonance magnétique), grâce à quoi on peut voir avec précision un cerveau fonctionner *in vivo* ! C'est fascinant d'observer s'assombrir ou s'éclairer des zones cervicales en fonction des flux neuronaux, et de l'activité cérébrale...

C'est ainsi qu'on a pu vérifier un élément fondamental qui permet d'avancer beaucoup sur la question de l'inné et de l'acquis, parfaitement expliqué par la neurobiologiste Catherine Vidal : « Les données démontrent la plasticité du cerveau humain et le fait que 90 % des connexions entre nos cent milliards de neurones sont établies après la naissance, à partir de l'expérience personnelle de chaque individu, des interactions multiples et toujours spécifiques avec les personnes et les réalités de son environnement naturel et socioculturel. La conclusion qui s'impose est celle qu'avait déjà tirée il y a un quart de siècle François Jacob, le grand biologiste. Toutes les découvertes démontrent que "l'être humain est génétiquement programmé, mais programmé pour apprendre". C'est-à-dire inventer de nouvelles manières de penser et d'agir, bref, de vivre individuellement et collectivement[1]. »

Il me semble que cela vaut la peine de le redire encore une fois : il est formellement et scientifiquement reconnu que le jour de sa naissance, seulement 10 % du cerveau d'un bébé est « câblé » ! C'est l'apprentissage, surtout concentré durant les vingt premières années, qui va petit à petit créer de nouvelles connexions et façonner un cerveau rempli d'informations et de compétences, qui

1. Catherine Vidal et Dorothée Benoit-Browaeys, *Cerveau, sexe et pouvoir*, Paris, Belin, 2005.

fera de ce bébé un Romain, une Violaine, un Pierre... En d'autres termes, cela signifie que, malgré tout ce qu'on se plaît à nous raconter, il n'existe pas, naturellement, des cerveaux de garçons et des cerveaux de filles, qui contiendraient dans leur essence même les caractéristiques qui distinguent les uns des autres !

Cela veut dire surtout que, dès les premières heures de la vie, on *apprend* à être un garçon ou une fille...

Lorsqu'il vient au monde, le bébé possède un bagage génétique qui fait qu'il a un corps, des perceptions, des sensations, qui lui sont propres. Dès ses premières heures, il entre en interaction avec son environnement. Par exemple, il crie, et son père, ou sa mère, réagit d'une certaine manière à son cri. Il enregistre cette réaction, qui crée chez lui une sensation spécifique, qui va agir sur la manière dont il criera la prochaine fois, et toutes les autres fois. De son côté, le parent apprend à entendre le cri de son nouveau-né, auquel il réagit avec tout son bagage, ses angoisses, son histoire personnelle et familiale, ce qu'il a lu, ce qu'on lui a transmis, et l'état émotionnel dans lequel il se trouve au moment où jaillit ce cri. Sa réaction fait écho à celle du petit, qui fait écho à sa réaction, créant ainsi une spirale identitaire très complexe. Ainsi se fabrique dans le cerveau du bébé la connexion « je crie/il réagit/il s'inquiète », puis « je crie fort/il réagit vite/il s'angoisse », puis « j'arrête de crier/il est soulagé/il sourit ». Et, dans celui de son parent, « il crie/je le prends dans mes bras/il se tait » ! Naturellement, chaque connexion est différente en fonction du bébé et des parents. Un nourrisson capte avec précision toutes les nuances réactionnelles de ses parents, même s'il ne sait pas les analyser. Il sent l'émotion ou le désarroi de son père, la joie ou l'inquiétude de sa mère, et ça lui procure des sensations différentes, auxquelles il adapte ses réponses. C'est cette espèce d'engrènement des signes s'interpellant les uns les autres qui finit par créer un sens, pour les enfants et pour les parents, et qui fabrique, jour après jour, les individus singuliers et sexués que nous sommes.

Questions de nature

C'est sans doute dans la nature humaine : les progrès fulgurants de la médecine et de la recherche ont donné envie aux chercheurs de trouver dans la biologie, l'anatomie ou la neurophysiologie des réponses aux questions qui étaient jusque-là réservées aux seuls psys ou philosophes. On a cherché le gène de la délinquance, la synapse de l'homosexualité, le siège de l'aptitude artistique, du désir, de la pensée, de la spiritualité, du sentiment amoureux... On a rêvé, en établissant une cartographie de plus en plus précise du cerveau, de pouvoir enfin répondre de façon définitive à ces questions qui agitent l'humanité depuis qu'elle est humanité...

Naturellement, parmi les grandes interrogations existentielles se situe en bonne place celle du masculin et du féminin. On a fondé de grands espoirs sur le décryptage du génome humain, en cherchant comment chaque gène, issu de tel ou tel chromosome, pouvait fabriquer du diabète, de la sclérose en plaque, des maladies orphelines, mais aussi une nature masculine ou féminine. Grâce à l'IRM, on a cherché avec passion quelles connexions cérébrales pouvaient produire ces différences si caractéristiques qui distinguent les hommes des femmes. Dans quelle partie de viande pourrait se localiser le siège de la coquetterie des unes et les difficultés à communiquer des autres ?

On a trouvé des choses, bien sûr. La médecine avance à grands pas sur les maladies génétiques, et on comprend de mieux en mieux comment fonctionne un cerveau. Mais, lorsque les informations récoltées sont isolées de leur contexte et utilisées à des fins idéologiques ou tout simplement commerciales, cela donne un curieux résultat. Déceler un déterminisme biologique dans nos comportements s'avère extrêmement aléatoire (en leur temps, les chercheurs nazis en ont fait l'épouvantable démonstration...). Ainsi, l'aptitude à la guerre et à la construction se nicherait plutôt dans le gros cerveau des hommes, et celle au bavardage et à la douceur serait plus adaptée au petit cerveau des femmes. Qui, d'ailleurs, viennent de Vénus et ne savent pas lire une carte routière, contrairement aux hommes, qui viennent de Mars et la replient en moins de temps qu'il ne faut pour le dire (la carte routière)...

Une des études les plus médiatisées à ce propos, au point d'être passée dans la culture commune et d'être considérée comme avérée, est vieille de plus de vingt ans. Elle explore les faisceaux de fibres qui relient les deux hémisphères du cerveau, et qu'on appelle le corps calleux. L'étude démontrait que celui des femmes était plus épais que celui des hommes. Ça a été la révolution ! Les magazines se sont emparés de l'information, qu'ils ont largement diffusée, en expliquant avec force détails que c'est sans doute parce que les femmes bénéficient de plus nombreuses connections neuronales entre les deux hémisphères qu'elles sont bien plus aptes que les hommes à effectuer plusieurs tâches à la fois, alors que la finesse du corps calleux des hommes leur permet, au contraire, de se concentrer intensément sur une tâche unique qu'ils réalisent, du coup, de façon très performante.

Des travaux plus récents ont complètement démenti le résultat de ces études. Après avoir étudié des milliers de sujets, on a établi qu'il était impossible de reconnaître à sa taille ou à celle de son corps calleux si un cerveau appartenait à un homme ou à une femme.

Tout au plus peut-on admettre que les cerveaux masculins sont souvent d'une taille un peu supérieure, parce qu'ils se développent dans une boîte crânienne un peu plus grosse que celle des femmes... Et encore ! Les femmes de certaines régions du monde sont statistiquement plus grandes – et, donc, ont un plus gros cerveau – que les hommes de certaines autres régions du monde. On ne peut plus se fier à personne !

L'autre grande découverte, qui date à peu près de la même époque que celle des corps calleux, a été celle du cerveau droit et du cerveau gauche, et de leurs attributions bien différenciées : à gauche, le langage, l'émotion, l'intuition ; à droite, l'action, la réflexion, la performance. À gauche, les femmes, à droite, les hommes... En plus d'asseoir des théories sexistes un peu simplistes, cette vision bipolaire, si commode et si séduisante, est devenue un creuset de spéculation pour des gourous en mal d'épanouissement : à gauche, l'affectivité, la contemplation, l'Orient ; à droite, la raison, l'efficacité, l'Occident. On a même vu fleurir des stages de « rééquilibrage », voire de « réconciliation » entre les deux hémisphères !

L'IRM a permis de voir, de façon très concrète, que cette organisation est loin d'être aussi binaire, et qu'une fonction n'est jamais localisée dans une seule région. Les hémisphères sont en communication permanente. Le cerveau, qu'il soit d'homme ou de femme, fonctionne de manière dynamique en frayant des chemins, en créant des liens qui se font et se défont au fil du temps et des territoires utilisés. C'est la participation collective de nombreuses zones cérébrales qui donne du sens à une fonction ; c'est ce qui relie différentes zones qui les fait travailler ensemble. Et la capacité à relier ces zones les unes aux autres est amplifiée par l'apprentissage, ou disparaît faute de pratique... Catherine Vidal l'explique très simplement : il y a bien un cerveau gauche et un cerveau droit, mais ils ne sont pas aussi différenciés qu'on nous l'a raconté durant ces vingt dernières années. Les fonctions sont réparties entre droite et gauche, et la spécialisation des hémisphères est beaucoup moins figée qu'on ne l'a prétendu [1]...

Ces histoires de corps calleux ou de cerveau droit et gauche, qu'aucun média n'a pris soin de démentir, et qui traînent encore au fond de nos esprits, sont intéressantes parce qu'elles montrent à quel point toute recherche, même la plus pointue sur un plan scientifique, peut être imprégnée d'idéologie. Avec quelle idée cherche-t-on la différence et dans quel but ? Pour établir quelle hiérarchie, à quelle fin ? Au moment où toute la communauté scientifique était convaincue de la plus grosse épaisseur du corps calleux chez les femmes, qui a

1. Catherine Vidal et Dorothée Benoit-Browaeys, *Cerveau, sexe et pouvoir*, *op. cit.*

pensé à s'interroger sur la nature de cette épaisseur ? Puisque c'est une matière que nous fabriquons en fonction de notre activité, il aurait sans doute été bon de se pencher sur l'activité des femmes... et de se rendre compte que, socialement et culturellement, elles sont appelées, très souvent, à accomplir plusieurs tâches en même temps. Pas forcément parce que c'est leur nature mais peut-être, tout simplement, parce qu'elles n'ont pas la possibilité de faire autrement !

Toute recherche, à partir du moment où elle est comparative, implique un classement du « plus » au « moins ». En matière de masculin et de féminin, qu'impliquent le plus et le moins ? Et d'où vient cette nécessité d'expliquer par la « nature » les différences sur lesquelles sont fondées des sociétés millénaires ?

Comment l'émotion vient aux garçons

Dans la nursery d'une maternité dorment une quinzaine de nouveau-nés. L'un d'entre eux se met à pleurer. Les petites filles vont très nettement tourner la tête vers la direction d'où viennent les pleurs. Les petits garçons, eux, réagissent beaucoup moins.

On pourrait en conclure que, dès la naissance, les filles sont beaucoup plus sensibles à leur environnement et déjà préoccupées de l'autre, tandis que les garçons restent concentrés sur leurs propres sensations sans prêter attention à ce qui se passe autour d'eux. On pourrait.

Mais on pourrait aussi commencer par s'interroger sur l'influence de la testostérone sur la capacité de perception des petits garçons. Tout ce qui se passe dans notre corps – y compris la perception de pleurs, et la réaction qu'elle produit en nous – est lié à l'influence d'hormones. Par exemple, la peur est une émotion, qui se traduit par des sensations physiques comme les sueurs froides ou les contractions du plexus, qui engendrent une réaction elle aussi physique : la fuite, le repli, le mouvement des bras qui viennent en protection du visage... Nos hormones et nos neurotransmetteurs produisent un certain nombre de sensations que notre cerveau décrypte et interprète, avant d'y répondre. Ce qui veut dire qu'il existe une interaction permanente, extrêmement fine et intime, entre notre corps et notre psychisme.

Le nourrisson, qui n'est que sensations (et dont le cerveau n'est qu'à 10 % de son potentiel, rappelons-le), ressent ce qui se passe autour de lui, la manière dont il est touché, lavé, soigné, calmé. Il établit son psychisme à partir de ces perceptions, très fortement sous-tendues par des sécrétions hormonales qui déterminent ce qui est de l'ordre du plaisir ou de déplaisir. La testostérone a beaucoup d'effet sur l'organisme des garçons. En plus de fabriquer les organes génitaux mâles, puis plus tard le sperme et les spermatozoïdes, elle produit aussi de l'agressivité, et une forme d'émoussement des perceptions et des expressions émotionnelles.

Si les bébés mâles de la nursery ne tournent pas la tête lorsqu'ils entendent pleurer un autre bébé, cela n'est pas parce que ce sont déjà d'égoïstes machos qui ne se sentent pas concernés : c'est parce qu'ils ne perçoivent pas ces pleurs de la même manière que les bébés femelles, et que cette perception différente provoque chez eux une réaction différente... Mais nous qui observons cette scène sommes prêts avec complaisance à y projeter un éternel masculin et une nature féminine !

La testostérone joue un rôle fondamental dans l'univers émotionnel des hommes. C'est ce qui rend, par exemple, leur adolescence si bruyante et désordonnée : l'afflux d'hormones provoqué par la puberté inonde un corps et un cerveau pas tout à fait réglés pour gérer une telle dose. Ce qui provoque des comportements casse-cou et anarchiques parfois assez singuliers... C'est ce qui fait, aussi, que les hommes sont beaucoup plus touchés que les femmes par les pathologies psychiatriques qui tournent autour de la gestion des émotions. Il existe même une maladie, l'alexithymie, qui prive le patient de toute perception émotionnelle. Elle n'affecte pratiquement que des hommes...

On ne peut pas explorer le masculin sans tenir compte de cette hormone. Mais on ne peut pas non plus tout expliquer par la testostérone ! L'homme est un animal, certes, mais un animal doté de pensée, ce qui rend son psychisme extrêmement complexe, et l'éloigne beaucoup de l'animalité. Dans la construction du psychisme, l'environnement joue un rôle absolument capital. Comme les filles, les garçons s'en imprègnent. Même si leurs perceptions, et leurs réactions, sont influencées par la testostérone, ça ne les empêche pas de recevoir avec intensité ce que cet environnement leur dit de ce que c'est qu'« être un garçon ».

L'univers des émotions est devenu ces dernières années un immense terrain de recherche. Plutôt que d'opposer cœur et raison, pensée et affectivité, on espère trouver à travers l'« intelligence émotionnelle » une réconciliation entre le monde des affects et celui des concepts. De nombreuses études se focalisent ainsi sur les différences affectives entre les sexes et isolent des styles émotionnels très fortement liés à l'identité sexuée. Un homme ne pleure pas à un enterrement, une femme apporte de l'aide en cas de bagarre mais n'y participe pas... Deux fois plus de femmes que d'hommes laissent apparaître de l'anxiété ; trois fois plus d'hommes se montrent coléreux... Dès leur plus jeune âge, les petites filles sourient et vocalisent avant et plus souvent que les garçons...

Les activités cognitives, la faculté de raisonner sont toujours affectées par l'émotion. Les spécialistes de l'intelligence font de plus en plus intervenir un facteur affectif dans les mécanismes de coordination, de décision, de résolution d'un problème. L'intelligence affective ne différencie pas les sexes mais des règles très précises encadrent depuis le premier jour de notre vie la perception et l'expression de nos émotions. La manière dont nous choisissons de les extérioriser informe les autres de ce que nous ressentons mais aussi et surtout de l'identité que nous souhaitons nous approprier. Incontestablement, elles nous dirigent, et si toutes les études attestent que les femmes manifestent plus facilement ce qu'elles éprouvent et perçoivent davantage ce que l'autre ressent, que les hommes communiquent moins bien leurs émotions, avons-nous pour autant isolé une « essence » masculine que le bon Dieu ou la nature nous attribuerait à notre naissance ? Si, comme nous l'avons vu, le cerveau se « sexualise » progressivement avec l'expérience, que dire du ressenti et de l'expression des émotions que nous formatons tout au long de notre vie ?

Comme le souligne Alain Braconnier, des pères et des mères, des hommes et des femmes qui souhaitent inconsciemment servir de modèle reproduisent ainsi, sans s'en apercevoir, des schémas qu'ils combattent consciemment, et qui leur sont transmis depuis toujours [1]. Sur un fond de similitude globale, des différences d'attitude apparaissent. Les pères encouragent les manifestations d'affection de leur petite fille et s'opposent à ce que leur garçon joue à la poupée ; les mères, en revanche, insistent pour que leur fille aide les autres enfants. À partir d'un même livre d'images, les parents racontent des histoires différentes à une fille ou à un garçon : les pères utilisent par exemple davantage de termes émotionnels quand ils s'adressent à leur fille. À l'école, les éducateurs sourient davantage et manifestent plus d'affection aux petites filles qu'aux petits garçons. Bref, le monde que nous leur offrons devient de plus en plus sexué.

Projections d'émotions

Si l'on projette le film d'un bébé qui pleure à vingt adultes en leur demandant : « Pourquoi cette petite fille pleure-t-elle ? », ils répondent tous : « Parce qu'elle est triste » ou : « Parce qu'elle a du chagrin. » Si on leur demande : « Pourquoi ce petit garçon pleure-t-il ? », la réponse est immédiate : « Parce qu'il est en colère. » L'environnement de ce bébé, qui crie peut-être parce qu'il a faim, ou qu'il a mal quelque part, projette sur lui une émotion qui ne lui appartient pas, mais qu'il va

1. Alain Braconnier, *Le Sexe des émotions*, Paris, Odile Jacob, 2001.

prendre et dont il va s'imprégner. C'est comme ça que la colère vient aux petits garçons, et le chagrin aux petites filles. Ou du moins, cela y contribue...

Les bébés grandissent dans un monde d'interprétations et de projections émotionnelles des adultes qui prennent soin d'eux. Ils décryptent l'univers et la réalité à travers les émotions qu'on projette sur eux et qu'on leur prête. Les parents attribuent toujours à leurs enfants des émois qu'ils sont bien trop jeunes pour ressentir ! Quand un petit garçon de trois mois relève la tête et fait un sourire, sa maman s'extasie : « Regardez comme il est fier et content d'être fort ! » Ce sont ses émotions à elle, qu'elle exprime : elle est fière que son fils soit fort, et ça la remplit de joie ! Lui enregistre cette information, il saura en faire bon usage...

Mais combien de mamans se réjouissent que leur fille de trois mois soit forte ? Même le langage est sexué, puisque « fille forte » et « garçon fort » ne signifient pas tout à fait la même chose ! L'univers émotionnel dans lequel grandit le bébé est sexué par son environnement. Des centaines d'études montrent qu'on n'attribue pas les mêmes émotions aux garçons et aux filles ; qu'on ne leur raconte pas les histoires sur le même ton ; que les papas et les mamans ne s'adressent pas du tout aux garçons et aux filles de la même manière ; que les mères ont tendance à contraindre leurs filles à des heures régulières d'allaitement, alors qu'aux garçons, elles donnent le sein à la demande...

Et c'est explicable : pour une mère, une petite fille est un individu plus familier, une « comme elle » à laquelle elle peut s'identifier et qu'elle a l'impression de pouvoir mieux comprendre. Quand elle lui parle, elle lui sourit, elle est en empathie, elle partage ses émotions. Avec un petit garçon, elle est plus décontenancée, étonnée de découvrir un « autre » dont elle pense qu'il est radicalement différent d'elle. Plutôt que de partager avec lui ses propres émotions, elle a tendance à lui renvoyer celles qu'elle reçoit de lui, comme un miroir ; à le toucher plus qu'elle ne lui parle.

Les mères parlent ainsi plus volontiers des choses tristes à leur fille et gardent la colère ou la violence pour les garçons. « Sois gentille » pour les unes ; « Défends-toi » pour les autres. Les pères, eux, ont eu longtemps tendance à parler plus qu'ils ne touchaient, en étant plus câlins et tendres avec les filles, et plus rudes avec les garçons ; « ma douce » et « mon cœur » pour les fillettes, « petit voyou » et « espèce de canaille » pour les fistons, comme si, déjà, s'esquissait entre eux une rivalité de mâles... Nous savons, maintenant, qu'au cours de la première année, bébés filles et garçons pleurent à la même fréquence ; ils ont les mêmes comportements d'attachement et les mêmes réactions à la séparation. Et pourtant, cette mère dira : « Avec mon fils, c'est plus fusionnel ; avec ma fille, on se compare tout le temps. » Les garçons encore plus que les filles ont envie que leur mère éprouve et comprenne ce qu'eux-mêmes éprouvent sans être en mesure de le comprendre [1].

Alors, si les garçons sont plus excitables par un changement d'environnement et savent moins bien s'autoréconforter, s'ils se passent moins facilement de leur mère, est-ce une caractéristique masculine ou une relation parent/enfant particulière ? Si les filles pour se faire entendre doivent amplifier leurs expressions émotionnelles et qu'elles apprennent à travailler plus intensément la communication de leurs émotions dans la mesure où leur manifestation est spontanément moins bien repérée, est-ce dans leurs gènes ou dans leur environnement ? La phase d'opposition des garçons, vers trois ans, est souvent plus intense que chez les filles car elle correspond à la prise de conscience de la différence des sexes. Il faut plus fortement se détacher de la mère qui apparaît d'autant plus toute-puissante et menaçante. « Qu'est-ce qu'il est macho ! » s'écrie la mère avec ravissement en en supportant cinquante fois plus qu'avec son conjoint !

1. Alain Braconnier, *Le Sexe des émotions*, *op. cit.*

Les filles à la vanille, les gars au chocolat

Ce qui s'esquisse, bien davantage pour les petits garçons que pour les petites filles, c'est la grande histoire de toute leur vie : ils sont tiraillés entre une maman fascinée-fascinante et fusionnelle au sein de laquelle il est doux et délicieux de se lover, et un papa admiratif et inquiet, qui va vouloir sortir au plus vite ce petit mâle des jupons de sa mère, pour qu'il devienne un costaud, mais ni homo ni rival...

C'est dans cet univers très sexué, le plus souvent de façon inconsciente, que se forgent et se différencient déjà les émotions des filles et des garçons. Pas étonnant, alors, que dès l'acquisition du langage, la différenciation apparaisse dans les mots et la manière de les utiliser, puisque c'est comme ça qu'on leur parle depuis qu'ils sont nés ! Les petites filles, entre elles, se racontent ce qui les rend tristes ou joyeuses, ce qui leur fait plaisir, ce qui leur déplaît, tandis que les garçons organisent leurs actions : « Passe-moi les cubes, viens jouer avec moi... »

Dès trois ans, les enfants distinguent les sentiments de filles et les sentiments de garçons. Entre garçons ou entre filles, on se conditionne alors encore plus à la différence des sexes qu'à la maison ! À la maternelle, les filles s'efforcent de créer et de maintenir des liens, même au prix d'un gros effort personnel, et n'hésitent pas à mettre en avant leurs propres imperfections et à valoriser les qualités de leurs camarades ; elles expriment plus facilement leurs émotions « négatives » (crainte, culpabilité, humiliation) ; les garçons choisissent des jeux où compétition et autopromotion sont valorisées. Le sexisme des enfants bat son plein entre deux et six ans : ils subissent tous les stéréotypes et y adhèrent fortement pour pouvoir se différencier. Émotions des filles, émotions des garçons, tâches des filles, tâches des garçons : toute l'identité sexuée se constitue dès la troisième année, même si la prise de conscience de son sexe est en ébauche depuis l'âge de dix-huit mois. Et tant pis pour ceux qui ne se sentent pas tout à fait appartenir à une espèce, ils n'auront qu'à en subir les conséquences ! Tout va se poursuivre sur cette lancée et les normes sociales vont continuer leur travail de différenciation : les filles se jugent plus émotives et sociables, les garçons plus audacieux et individualistes ; les filles veulent informer, communiquer, aider, soigner, s'occuper des autres ; les garçons fabriquent, réalisent, recherchent, inventent. Elles visent la convivialité, eux la valorisation sociale...

L'agressivité masculine et l'anxiété féminine se renforcent sous l'effet hormonal : manque de concentration, hyperactivité, mensonge, agressivité, bagarres, désobéissance, destructivité pour les uns, affectivité, souci, tristesse, tendances dépressives pour les autres. Adultes, les femmes auront l'apanage de la fréquence et de l'intensité de l'expression des émotions, positives ou négatives, et du jugement favorable porté à autrui ; les hommes celui de l'expression de la violence et de la colère. Pour elles, les émotions introspectives et autopunitives (peur, anxiété, tristesse, culpabilité, honte), pour eux, la capacité projective à attribuer à l'autre la cause de ses émois. Aux hommes surtout le privilège de la psychose et des troubles des conduites... Ces différences émotionnelles vont servir d'argument à la naturalité de la supériorité masculine quant à l'exercice du pouvoir : force, courage, ténacité, absence de peur seraient des caractéristiques « innées » des garçons.

Nous sommes dans une période où, peu à peu, ces choses-là sont en train de changer, et c'est plutôt réjouissant ! Dans la famille occidentale, les deux mondes, masculin et féminin, s'interpénètrent. Il y a de moins en moins d'objets masculins et d'objets féminins, de tâches masculines et de tâches féminines, de métiers masculins et de métiers féminins, d'objectifs masculins et d'objectifs féminins. Nous sommes sur la voie de la complicité et peu importe si elle s'accompagne parfois de rivalité.

Le monde a changé, mais hommes et femmes continuent à se débattre avec des représentations contradictoires des rôles sexués. Apaiser ce conflit ne signifie en aucun cas éduquer garçons et filles de la même manière ; l'égalité est au bout du chemin, certainement pas au début. Peu à peu, les parents vont prendre conscience de ce qu'ils transmettent, et de ce qu'ils refusent, comme par exemple dénigrer l'autre sexe. Ils vont apprendre aux garçons à être des garçons, non pas parce que « être une fille, c'est moins bien », mais parce que les caractéristiques des deux sexes existent chez eux aussi. Ils vont comprendre que calomnier la féminité chez les garçons ou la masculinité chez les filles, c'est interdire à une partie d'eux-mêmes d'exister [1]. Mais tant que l'apprentissage de l'identité sexuelle se fait par opposition, caricature et stéréotypes, en inculquant aux garçons le mépris des filles et aux filles la peur des garçons, il empêche les retrouvailles ultérieures au sein d'un couple tel qu'on a envie de le concevoir aujourd'hui.

J'y reviendrai plus loin : en accédant au corps à corps avec leur bébé, et à toutes les tâches « maternelles » de soin qu'ils assument de plus en plus, les pères rendent possibles d'autres émotions, et leur expression. Les hommes apprennent une autre manière d'être père, et s'éloignent de la rivalité, et les petits garçons apprennent une autre manière d'« être garçon », dans laquelle ils sont plus libres de s'exprimer. Mais un long chemin reste encore à parcourir !

1. Élisabeth Badinter, *Fausse route*, Paris, Odile Jacob, 2003.

Pour preuve, ce petit dialogue saisi entre une amie tricoteuse et un futur papa, qui ignore encore le sexe de l'enfant à naître :

« J'ai repéré un joli rose, pour la layette...

— Ça va pas ? et si c'est un garçon ?

— C'est joli, le rose, même pour un garçon !

— Il n'en est pas question !

— Mais regarde comment tu es habillé : ta chemise est rose vif !

— Oui, mais moi je *sais* que je ne suis pas pédé. »

Il suffit de fouiller dans les vieilles photos de famille pour s'en rendre compte : il y a un siècle à peine, les différences entre garçons et filles étaient tellement évidentes, marquées, organisées dans la société, que ça ne posait de problème à personne de couvrir les petits garçons de dentelles et de faire des anglaises avec leurs cheveux, jusqu'à ce qu'ils sortent de la petite enfance. Quoi qu'il arrive, ils ne pouvaient pas ne pas savoir à quel point ils étaient différents des filles, et combien leur vie à eux serait aussi différente de leur vie à elles. Mais maintenant que tout est plus subtil, ouvert, possible, mixte, on a besoin de codes plus nets. Et, si l'on n'hésite pas à habiller les bébés-filles en bleu, ça ne viendrait à l'idée de personne d'habiller les bébés-garçons en rose...

Mars et Vénus...

Les rayons « Sciences humaines » des librairies anglo-saxonnes ne regorgent que de ça : des dizaines de best-sellers expliquent à des milliers de lecteurs – qui sont le plus souvent des lectrices – comment la nature a organisé les différences entre les hommes et les femmes, et quelles méthodes on peut employer pour faire en sorte que ces différences ne soient pas un obstacle à l'harmonie des couples. John Gray, le pape en la matière, heureux papa de la série « Mars et Vénus », encourage ses lecteurs à prendre conscience du fossé naturel qui se creuse entre Elles et Eux : « Les hommes et les femmes diffèrent dans tous les domaines de leur vie. Ils communiquent différemment. Ils pensent, ils ressentent, ils perçoivent, ils réagissent, ils se conduisent, ils aiment différemment. Ils semblent venir de planètes différentes tant leur langage et leurs besoins diffèrent fondamentalement. » La théorie qui suit est assez simple, et frappée de bon sens : la plénitude de l'amour, c'est d'accepter les différences.

Il faut être honnête : moi qui reçois des couples en difficulté à longueur de journée, je ne peux qu'admettre que c'est assez bien observé. Si l'on accentue la complémentarité entre les sexes, plutôt que de la conflictualiser, on peut arriver à une certaine harmonie, qui correspondrait à ce qu'on appelait autrefois la « tranquillité des ménages ». Simplement, ces ouvrages présentent comme une « nature » masculine et féminine immuable le fruit du formatage émotionnel auquel nous sommes tous soumis... Même si leur auteur avoue ingénument que l'inverse est parfois possible mais que ça ne change rien à ses thèses ! Même si, en entérinant des différences liées à l'éducation, il ne fait que les amplifier.

Gray et ses disciples, qui se multiplient au rythme des succès de librairie, tracent les grandes lignes du monde bipolaire que la « nature » a prévu pour nous. Où l'on apprend que l'homme s'attache aux résultats quand la femme s'attache aux relations ; que l'homme est plutôt actif et la femme plutôt passive ; qu'il cherche l'autonomie alors qu'elle est en quête de communication ; qu'il donne des informations pendant qu'elle exprime des émotions. Que lui mesure sa valeur personnelle en fonction de son aptitude à obtenir ces fameux résultats, alors qu'elle cherche avant tout à être comprise. Les hommes se sentent heureux et prêts à se surpasser quand ils voient qu'on a besoin d'eux ; les femmes, elles, s'épanouissent quand elles se sentent aimées.

Ces théories sont abondamment illustrées d'exemples dans lesquels chacun d'entre nous peut assez facilement se retrouver. C'est l'histoire de la femme qui raconte à son homme la rude journée qu'elle vient de passer. Elle a eu peur, puis elle a été surprise, puis elle a été ravie, avant d'être un peu déçue... À chaque nouvelle information, il lui suggère une solution pour faciliter sa prochaine journée : comment ne pas avoir peur, comment anticiper une réaction. Elle s'énerve : elle n'a pas fini de raconter. Et d'ailleurs, est-ce qu'il l'écoute vraiment ? Il se bute : il essaie de l'aider, mais elle ne veut rien de lui. Elle attend qu'il la comprenne, il veut la protéger. Elle s'en agace, ça le blesse. Plus il propose, plus elle refuse. Plus elle refuse, plus il se sent incompétent, et plus il s'éloigne. Moins il est proche, et plus elle se sent incomprise...

Et puis on inverse la situation. L'homme rentre d'une journée fatigante. Elle l'accueille, elle l'entoure, elle l'interroge. Elle l'aime, donc elle veut comprendre ce qu'il éprouve. Mais lui, ce qu'il veut, c'est débrancher, et profiter enfin d'un repos bien mérité en sa compagnie. Elle insiste. Il se braque, et se sent envahi. Si, par malheur, elle tente de lui donner un conseil, pour le rejoindre dans ses préoccupations, il en déduit qu'elle le prend pour un pauvre type incapable d'être autonome.

Je n'en ferai pas quatre tomes – il s'agit un peu toujours de la même histoire – mais ne nous privons pas de l'incontournable « Mars et Vénus sont dans une auto » ; un si grand classique, que chacun des couples que j'ai reçus en thérapie a dû me jouer au moins une fois.

Monsieur et madame sont dans la voiture. Ils se rendent à un endroit précis, sans bien connaître l'itinéraire. Monsieur conduit, tourne à gauche, puis à droite, à l'instinct, en cherchant un repère pour pouvoir se retrouver. Madame, elle, serait partisane de s'arrêter pour demander à un passant. Monsieur refuse obstinément : il va – veut – y arriver tout seul. Madame suggère de tourner à gauche. Monsieur continue tout droit. Au carrefour d'après, Madame re-suggère de tourner à gauche. Monsieur lève les yeux au ciel et continue tout droit. À la troisième proposition de tourner à gauche, il obtempère en protestant. Se retrouve dans un cul-de-sac et conclut : « J'aurais jamais dû t'écouter. » Elle fait remarquer que ça fait trois fois qu'elle dit qu'il faut tourner à gauche, et que s'il avait suivi ses conseils la première fois ils seraient déjà arrivés...

Ça marche aussi avec « comment s'y prendre pour découper le poulet (ou le gigot) » ; cela peut durer des heures, des semaines, une vie : pour l'homme, pas question de perdre la face en demandant de l'aide. Pour la femme, impossible de comprendre qu'on ne choisisse pas cette solution, la plus simple à ses yeux, qui présente en plus l'avantage d'entrer en contact avec un tiers.

C'est idiot, mais c'est vrai. Beaucoup de couples fonctionnent sur ces modèles, et le comprendre peut réellement les aider à améliorer leurs relations. C'est vrai, mais c'est caricatural, à l'image de l'écume du très gros chaudron émotionnel dans lequel nous barbotons tout au long de notre vie. Regarder le monde, l'interroger pour essayer de le comprendre et y trouver sa place, à travers le prisme de « Mars et Vénus », c'est se contenter du petit bout de la lorgnette et se priver d'un vaste horizon, certes plus complexe, mais aussi plus créatif, et plus enthousiasmant !

Les « naturalistes » tentent de nous convaincre que chaque chose et chaque être ont une place désignée dont ils ne peuvent bouger qu'au prix d'une catastrophe. Lorsqu'il s'agit de trouver une méthode pour découper le poulet du dimanche sans provoquer un cataclysme conjugal, c'est assez réjouissant. Mais lorsqu'on s'appuie sur ces mêmes thèses pour organiser le monde, cela devient très vite inquiétant. J'en prends pour exemple la psychophysiologiste canadienne Doreen Kimura qui, dans son livre *Cerveau d'homme, cerveau de femme ?*[1], insiste sur les différences cérébrales entre les sexes. Elle suggère d'adapter la scolarité des garçons et des filles à ce postulat, en revenant sur la mixité des écoles, en poussant les fillettes vers les métiers manuels et de communication et en les dissuadant d'envisager des études scientifiques, plutôt réservées aux garçons. Pour étayer ses propos, cette éminente professeur

1. Doreen Kimura, *Cerveau d'homme, cerveau de femme ?*, traduit de l'anglais, Paris, Odile Jacob, 2001.

d'une grande université canadienne n'hésite pas à affirmer que tous les tests d'évaluation du QI, dans lesquels on n'est pas parvenus à déceler de différences entre les hommes et les femmes, sont délibérément biaisés dans un souci de « politiquement correct » !

Il n'est même plus besoin d'aller chercher outre-Atlantique ! Depuis quelques mois, on croise aussi dans nos librairies et sur nos plateaux de télévision, dans les journaux, dans les radios, un certain nombre de spécialistes et de pamphlétaires qui emboîtent le pas aux « marsetvénusiens ». Et si la « nature » avait raison ? Si la place des femmes était à la maison ? Si c'était cela, la cause du malaise que nous traversons en ce moment ? Les hommes ne seraient plus des hommes, les femmes leur auraient « tout » pris. « À quoi ressemble l'homme idéal ? Il s'épile. Il achète des produits de beauté. Il porte des bijoux. Il rêve d'amour éternel. Il préfère le compromis à l'autorité et privilégie le dialogue, la tolérance, plutôt que la lutte. L'homme idéal est une vraie femme. Il a rendu les armes. Le poids entre ses jambes est devenu trop lourd. Aujourd'hui, les jeunes générations ont intégré cette confusion. Les fils ne rêvent que de couple et de féminisation longue durée. Ils ne veulent pas être ce qu'ils sont : des garçons [1]. »

---

1. Éric Zémour, *Le Premier Sexe*, Paris, Denoël, 2006.

Et si « le poids entre les jambes » n'était pas l'unique attribut des garçons ? S'il fallait se pencher, plutôt, sur celui qu'ils ont dans le crâne ou sur le cœur ? Peut-être alors faut-il chercher ailleurs que dans la « nature » la réponse à cette question...

Max et Véra

Ils ont une quarantaine d'années, sont mariés depuis plus de dix ans, et viennent me consulter pour la première fois. Max est un grand brun chaleureux et viril ; Véra une jolie femme très dodue. Ils arrivent d'une banlieue lointaine, assez tendus : ils se sont perdus pour venir. Et, donc, disputés dans la voiture...

Il est formel sur ce qui ne va pas : le problème, dans leur couple, c'est qu'il est éjaculateur précoce. Elle dément aussitôt : ça n'est pas du tout ce qui la préoccupe, elle. Cette question-là n'est pas si grave et, bon an mal an, ils s'en accommodent assez bien. Non, ce qu'elle ne peut vraiment plus supporter, c'est son égoïsme à lui. Jamais un cadeau, jamais une attention. Il ne l'écoute pas, ne l'entend pas, ne tient jamais compte de ce qui lui ferait plaisir. Elle peut faire tout son possible pour le comprendre et être proche de lui, rien n'y fait : Max ne donne rien en retour. C'est un monstre d'égoïsme.

Il soupire. Et explique : elle est tout le temps sur son dos, le bombarde de questions sans arrêt, ne lui laisse pas une minute de répit. Évidemment, qu'il l'aime : il l'a épousée et lui a fait deux enfants ! Si ça n'est pas une preuve...

Véra renchérit : parlons-en, des enfants. Il ne voit même pas à quel point l'aîné a besoin de lui. Il est incapable de lui parler, de lui consacrer du temps et de l'attention, et de voir à quel point il souffre d'avoir un père aussi peu curieux de lui.

Mars et Vénus ont tout prévu pour Max et Véra : elle est trop envahissante, physiquement et personnellement. Elle devrait savoir que les hommes ont besoin d'air, sinon, ils ont l'impression de perdre leur autonomie. Et leurs moyens, d'ailleurs. La preuve : il ne peut pas la combler parce que sa demande à elle est trop forte. Elle lui propose une intimité qui lui fait peur. Lui a tendance à se préoccuper de ses performances, professionnelles et sexuelles ; la preuve : il pense que c'est le seul problème ! Elle regrette qu'il n'accorde pas plus d'attention à ce qui se passe dans leur famille, et à elle, dont il ne s'est jamais demandé comment il pourrait la satisfaire autrement que sexuellement... Pour que ça aille mieux, il faudrait que Max comprenne que ce qu'elle lui demande, c'est de l'attention, pas des solutions. Et que ce qui lui manque, à elle, ça n'est pas tant la jouissance sexuelle que le partage de leurs émotions, et d'une intimité. De son côté, il faudrait que Véra admette que s'il se tait, ça n'est pas parce qu'il n'a pas envie de lui parler, c'est parce qu'il ne sait pas exprimer ses émotions, ou qu'il n'a pas forcément besoin de le faire. Et que plus elle le brusquera, moins il y parviendra. Et que moins il y parviendra, plus elle sera frustrée...

Après plusieurs séances de thérapie avec Max et Véra, leur intimité a petit à petit fait surface : Max a été élevé par une mère terrifiante ; elle l'est du reste encore aujourd'hui. Dominatrice, intrusive, anorexique, elle passe sa vie à contrôler son poids. Il dit de son père qu'il l'a toujours connu « bafoué et humilié » par cette femme, qui adore son fils au point de négliger ses deux filles. J'entends dans son récit que depuis qu'il est tout petit, il se sent à la fois Dieu et rien du tout : sa mère le porte aux nues, le préfère, l'admire sans limites, mais ne supporte pas qu'il la déçoive. Lorsque ça arrive, il se retrouve à son tour « bafoué et humilié ». Le psychisme de Max s'est construit dans la terreur de cette mère, et de mal faire, de rater, de la décevoir, d'être obligé de lui cacher sa médiocrité... Lorsqu'il avait quinze ans, elle a trouvé une revue porno sous son lit. Elle l'a emportée, l'air dégoûté, pour la jeter à la poubelle. Sans un mot. Quelque temps après, devant une tache de sperme sur le drap de son fils, elle a tranché d'un : « Ça ne se fait pas »... Et lorsque, quelques années plus tard, Max lui présentera Véra, elle décrétera, cinglante : « Elle a le corps d'une femme de quarante ans ! », illustrant à quel point le machisme chez la mère peut provoquer plus de dégâts que le machisme du père.

De son côté, Véra a été élevée par un couple uni, inconditionnellement chérie par son père. Cela donnait à la petite fille qu'elle était une toute-puissance à la fois délectable et terrifiante. Même si elle a l'air très à l'aise dans son joli corps enrobé, elle n'a pas beaucoup de mal à admettre que finalement, depuis toujours, rien ne la comble vraiment, même pas le trop-plein de nourriture... Elle se souvient d'un de ses Noëls de petite fille gâtée. Sur la liste des cadeaux qu'elle avait commandés il y avait une poupée accessoirisée d'un petit sac doré, dont elle rêvait. Le soir du réveillon, tous les paquets de la liste étaient là, sans exception. Mais le petit sac de la poupée était argenté. Véra se souvient de la colère et du désespoir profond qui l'ont envahie de n'avoir pas eu exactement ce qu'elle attendait...

Ce que Mars et Vénus n'ont pas vu, Max et Véra me l'ont dit : quoi qu'il fasse elle ne sera jamais comblée ; cela la désespère et le remet, lui, dans la situation du petit garçon soumis qui doit plaire à l'autre mais ne l'assume pas... Il la trouve belle avec ses rondeurs, l'exact opposé des maigreurs de sa mère, mais il regarde les autres femmes sur la plage ; ça la met en rage. Il passe des heures sur Internet, sur des sites pornographiques, et elle se sent exclue de son univers fantasmatique. Elle a raison : il ne peut pas la laisser accéder à cette partie de lui.

Max « programme » Véra, qui est une femme douce, à devenir une femme exigeante, tyrannique et frustrée qui va confirmer sa vision du monde : toutes les femmes sont dangereuses et me menacent. Véra barre à Max la possibilité de dépasser son cher et formidable papa.

Un jour, Max avait rendez-vous seul à mon cabinet. Quand je suis allé le chercher dans la salle d'attente, il m'attendait debout dans le couloir, le visage blême et l'air épouvanté. Je n'ai pas remarqué tout de suite son pantalon, trempé d'urine : terrifié à l'idée d'arriver en retard au rendez-vous, il n'avait pas pris le temps de s'arrêter pour se soulager, et venait de faire pipi dans sa culotte... Face à lui, j'ai senti la rage dans laquelle il pouvait mettre Véra, d'être ce petit garçon à la fois soumis et agressif dont le corps et l'attitude disent « je voudrais bien mais c'est plus fort que moi, je ne peux pas me retenir » (d'éjaculer, d'aller sur Internet, d'oublier ton anniversaire...).

On le voit, l'histoire de Max et Véra est complexe et subtile... Ils ont forgé, à leur insu et depuis leur plus tendre enfance, des rôles qui bloquent leur possibilité de transformation. Ils se sont choisis l'un l'autre pour s'en libérer, mais ce qui se passe dans leur inconscient va à l'encontre de ce désir-là. Les conseils de Mars et Vénus peuvent sans doute les aider à se supporter. Mais pour qu'ils puissent accéder à une réelle intimité, profonde et partagée, il leur faut déconstruire, chacun, les modèles dans lesquels ils se sont enfermés.

Max et Véra ne viennent pas tant de Mars et Vénus que de leur histoire à chacun ; ce qui les éloigne l'un de l'autre, ce n'est pas qu'ils sont homme et femme, mais plutôt deux individus à la fois différents et semblables, qui s'accrochent à ce qui les rapproche, mais dont quelque chose d'inconscient exacerbe les différences psychiques au point de les empêcher d'avoir ensemble l'intimité qu'ils désirent, et qui leur permettrait d'évoluer ensemble, de se transformer ensemble, et d'avoir enfin accès à une fluidité relationnelle et fantasmatique.

2.

Devenir un homme

« On ne naît pas homme, on le devient. »
Érasme.

« Je ne mets pas de sauce dans mes spaghettis, parce que la sauce, c'est pour les garçons, pas pour les filles. » C'est un des premiers souvenirs d'enfance de Pierre. Il a trois ans, peut-être quatre, et il dîne avec ses parents et Paul, son frère de trois ans plus âgé que lui. Paul et son père remplissent leur assiette de sauce tomate alors que sa mère, elle, préfère les pâtes nature. Du coup, Pierre aussi...

Il se souvient d'un autre épisode, de la même époque. Il est dans la baignoire avec Paul, sous la surveillance de leur mère. Les deux garçons chahutent, mais Pierre glisse et boit la tasse ; il a l'impression qu'il va se noyer. Et le sentiment très net que son cher frère a tout fait pour que cela arrive. Ce qui ne serait pas très étonnant : la naissance de Pierre a rendu Paul extrêmement jaloux. Dès le début de sa vie, le petit a dû subir brimades et « tentatives d'élimination » de la part du grand, pas du tout prêt à partager la place d'unique petit roi dont il bénéficiait jusque-là. Mais ce dont Pierre se souvient, dans l'épisode de la baignoire, c'est la question horrible qui a surgi dans son esprit : « Et si maman était complice de Paul ? »

L'histoire de Pierre est contenue dans ces deux souvenirs : aucun garçon ne pouvait empiéter sur la place écrasante que Paul occupe dans cette famille sans entrer de front dans une rivalité masculine avec lui. Sur ce terrain, la bataille était perdue d'avance pour Pierre : il arrivait avec trois ans de retard ! Il lui fallait donc trouver une autre place, possible celle-là : par exemple, une place de fille. Ce qui ne pourrait que remplir sa maman d'aise, puisqu'il était de notoriété familiale qu'elle avait beaucoup pleuré à la naissance de Pierre, tant elle était déçue qu'il ne soit pas la petite fille qu'elle espérait. Pour se consoler, elle l'a baptisé du nom de son propre père, dont elle est la fille préférée, et dont elle adore le raffinement, la coquetterie, la douceur.

Ainsi commence la vie de Pierre, auprès d'une mère qui semble préférer les garçons, puisqu'elle est en adoration devant Paul – un petit garçon macho et malin, chef de bande, drôle, futé, exigeant, irrésistible aux yeux de tous –, mais qui lui dénie, à lui, le droit d'en être un... C'est sur ce désarroi que Pierre se construit : il se sent et se sait garçon, et ça lui fait plutôt envie, mais ni sa mère, qu'il aime infiniment, ni son frère, qu'il admire éperdument, ne lui en laissent la possibilité...

Il devient un gamin timide, pleurnichard, effacé, maladroit : le contraire absolu de son frère. Il est mal dans sa peau de garçon, ce qui ne l'empêche pas, très tôt, d'être intéressé par les filles. D'abord parce qu'avec elles, on n'est pas obligé de jouer au foot et de faire la preuve qu'on est le plus fort. Mais aussi parce que les filles, c'est joli, séduisant, troublant. Très tôt, Pierre a une vie amoureuse riche et mouvementée : c'est sûr, il aime les filles...

Ou plutôt, il aime le sexe ! C'est une de ses caractéristiques : la sexualité l'intéresse et l'interroge depuis toujours. Pendant toute son enfance, il se taille un franc succès auprès des filles comme auprès des garçons en leur proposant sans gêne et sans ambiguïté de drôles de jeux très excitants dans lesquels il tient indifféremment le rôle masculin ou féminin : le papa et la maman, vive les mariés, le docteur, touche-pipi, baisse-culotte... Avec ses moyens d'enfant, Pierre cherche à comprendre où il se situe, et quelle place lui appartient : il sait qu'il est un garçon, mais, si ça se trouve, il devrait ou il pourrait être une fille. Ça serait sans doute plus simple pour tout le monde...

Il faut dire que son moule à lui est beaucoup moins bien défini que celui de Paul, qu'il admire tant. Ça l'empêche d'être tranquille, et c'est source d'une intense activité psychique : il est fasciné par les autres, et les observe pendant des heures pour essayer de comprendre comment ça marche. Sa mère passe son temps à le reprendre : « Baisse les yeux, on ne regarde pas les gens comme ça. » Tout l'intéresse, il ne veut renoncer à rien...

Ainsi se déroule l'enfance de Pierre : toujours à mille lieues de Paul, qu'il continue d'admirer sans pouvoir s'en approcher. Il prend soin de sa mère, dépressive depuis la mort du grand-père adoré dont il porte le nom. Il protège sa maman de la rudesse de Paul et veille sur elle avec tendresse et attention. D'autant que le père de Pierre, un homme charmant et séducteur, est toujours en « voyages d'affaires ». Pierre a peu d'occasions de nouer un lien de proximité avec cet homme et il ne le souhaite pas vraiment. Il est gentil, serviable, attentif et premier de la classe. À l'école, tout le monde l'aime bien pour les mêmes raisons, et aussi à cause de ces jeux coquins dont il est l'organisateur.

Tout se complique à l'adolescence. Un jour, il se fait casser la figure par un plus grand qui le traite de tapette. Plus question de s'amuser avec les filles et les garçons. Il faut choisir son camp : soit les hommes, les vrais, dont fait partie Paul, soit les fillettes et les pédés... Pierre se renferme sur lui-même. Il continue d'aller à l'école, où il travaille bien, mais il n'a plus d'amis. Il préfère lire tout ce qui lui tombe sous la main, pour essayer de comprendre le monde et ce qui se passe dans la tête des autres. Il devient triste, solitaire, isolé, suicidaire...

Et puis c'est Mai 68. Il a seize ans, et tout s'ouvre ! C'est comme un carcan qui explose : ils sont des milliers à voir le monde autrement, comme lui ! Il se lance à corps perdu dans le féminisme, la politique, l'extrême gauche. Il rencontre les militants homosexuels avec qui il a quelques aventures, et découvre la « sexualité communautaire » qui lui rappelle ses joyeuses cours de récréation. Il réalise enfin qu'il n'est pas obligé de ressembler à Paul, et d'entrer en rivalité avec lui et tous ceux qui lui ressemblent, pour avoir une vie d'homme. Et il mesure qu'il aime surtout son frère, bien plus que les garçons...

Son premier grand amour le conforte dans son hétérosexualité. À dix-huit ans, il a le coup de foudre pour une jeune fille un peu paumée, toxico, dont il prend soin comme il a pris soin de sa mère, et avec qui il découvre une sexualité riche, fluide, dans l'échange, pour leur plus grand bonheur à tous les deux. Pierre peut enfin se lancer dans sa vie d'homme avec tranquillité. Cela lui a pris du temps, mais il sait qui il est.

Je ne l'aurais jamais rencontré si, aux alentours de la quarantaine, il ne s'était pas heurté à un problème de taille, qui a réactivé toutes les questions de son enfance. Marié et père de deux garçons, il se retrouve en conflit permanent avec son fils aîné, âgé d'une dizaine d'années, et... qui est le portrait craché de Paul.

En quelques semaines, le petit garçon irascible a réveillé tous les vieux démons de son père : est-ce que je suis un homme ? et quel homme suis-je ? serai-je jamais capable d'exercer une autorité ? d'affronter une rivalité ?

Pour certains garçons, comme pour Paul, devenir un homme est une autoroute large et facile. Pour d'autres, comme pour Pierre, c'est un chemin plus complexe, semé d'embûches. Cela dépend beaucoup de l'univers dans lequel on grandit, qui peut être très différent d'un individu à l'autre, y compris dans une même famille, et de quelle représentation de soi-même on peut y construire. Si les parents jouent un rôle capital, l'environnement social ou culturel, un grand-père et une rivalité fraternelle peuvent avoir des effets dévastateurs.

Aujourd'hui, Pierre va très bien. L'analyse lui a permis de se libérer des deux personnages adorés par sa mère autour desquels s'est construit tout son psychisme : son grand-père maternel, à la féminité assumée, et son frère aîné, l'image de la virilité, qui l'a installé dans un rapport de soumission avec le monde entier. Il a fallu du temps à Pierre pour se défaire de cette position de soumission, et de l'idée que, quoi qu'il fasse, l'autre est plus légitime que lui à occuper la place qu'il occupe. Et pour, finalement, restaurer des relations harmonieuses avec ses propres fils et aimer l'homme qu'il est devenu.

Moitié-moitié

Si on apprend en grandissant que le monde n'est pas moitié rose, moitié bleu, il faut bien admettre que la vie commence ainsi pour chacun d'entre nous : très vite, dans la perception du monde qui l'entoure, des personnes qui prennent soin de lui, et même de ses propres sensations, le petit d'homme commence à ordonner les choses toujours de manière binaire parce que c'est ce qu'il y a de plus simple. Le sein doux de maman, le poitrail dur de papa ; la voix aiguë de maman, la voix grave de papa ; la joue lisse de maman, la barbe rugueuse de papa... Et puis le jour, la nuit ; le froid, le chaud ; le sec, le mouillé ; le haut, le bas ; la lumière, l'obscurité ; le dedans, le dehors... Petit à petit, le psychisme s'organise autour de ces paires opposées, qui s'articulent avec ce que l'enfant ressent dans son corps, de plus en plus précisément, et qu'il prend plaisir à répéter à l'infini, pour se l'approprier du mieux qu'il peut : avaler, recracher ; retenir son caca, laisser partir son caca ; ouvrir les yeux, fermer les yeux ; attraper, lâcher ; se montrer, se cacher ; se laisser faire, résister...

Pendant ses deux ou trois premières années, l'enfant, qu'il soit garçon ou fille, navigue entre ces deux entités avec fluidité et énergie, et construit son psychisme en alternant passivité et activité dans un mouvement très riche, sans avoir vraiment déterminé à quelle partie du monde il appartient. C'est ce que nous nommons « bisexualité psychique », et qui n'a rien à voir avec ce qui dans le comportement social est désigné par « être bi », à savoir l'attirance sexuelle pour un garçon et pour une fille. La bisexualité psychique consiste à s'identifier, à incorporer des attributs des personnes des deux sexes qui nous entourent. L'enfant s'identifie à la fois à des personnages masculins et féminins, au père et à la mère, aux hommes et aux femmes, à la partie féminine et à la partie masculine du père, à la partie masculine et à la partie féminine de la mère. Quand un homme s'entend, tout d'un coup, « parler comme sa mère », il ne remet pas en cause son orientation sexuelle ni son identité sexuée ; pas davantage qu'une femme qui se surprend à avoir le même caractère que son père.

La bisexualité psychique est donc une incorporation plus ou moins harmonieuse de morceaux d'hommes et de femmes à partir des mouvements actifs et passifs qui construisent le psychisme. Et c'est très paradoxal car il s'agit à la fois d'intégrer et d'exclure. En superposant masculin et actif, féminin et passif, le petit d'homme va apprendre peu à peu à rejeter le féminin et à se diriger vers le masculin. Et à se méfier de la passivité, quitte à commencer à se fabriquer armure et cuirasse pour se défendre. Quitte à perdre le contact avec son corps et sa sensorialité.

Dans le même temps, il pressent que tout cela a quelque chose à voir avec la différence entre les papas et les mamans. Même si maman est très active et autoritaire, même si papa est doux et effacé, il commence à ordonner une classification binaire du monde en masculin-papa, féminin-maman, actif-passif, et, assez vite, masculin-papa-actif, féminin-maman-passive, puisque toute la logique du monde est ainsi construite autour de lui. Ma consœur Geneviève Haag a ainsi montré le travail de différenciation qu'effectuent les bébés entre « objets-maman » (ronds, doux, mous, concaves...) et « objets-papa »[1] (pointus, rugueux, durs, pleins, convexes...) et comment ils les calquent sur ce qu'ils perçoivent des différences entre les saillances paternelles et les prégnances maternelles qui préfigurent bien sûr la représentation du pénis et du vagin.

Car une chose intrigue beaucoup le petit d'homme. Sans pouvoir lui donner un sens, il repère assez vite que tout ce qui tourne autour du sexe est encore plus

1. Geneviève Haag *et al.*, *Exploration dans le monde de l'autisme*, Paris, Payot, 1980.

compliqué que tout le reste, au point d'être secret, privé, et même peut-être interdit. La manière dont on lui touche cette partie-là de son corps et dont on lui en parle, ce qui se passe autour de « ça » dans son environnement, ce qu'il perçoit des échanges sensuels-sexuels de ses parents... tout, confusément, lui suggère qu'il existe une différence très importante, elle aussi masculin-papa, féminin-maman, mais encore plus mystérieuse que les autres. C'est sans doute ce qui le déconcerte le plus. Et il dépense une énergie psychique considérable à explorer et à comprendre cette différence...

Et puis à un moment, quand il est prêt – aux alentours de trois ans –, il découvre ce que de nombreuses informations laissaient supposer sans qu'il voie exactement de quoi il s'agissait : il a un zizi, ou une zézette ! Cet organe fait partie de son corps, et chaque personne en possède un !

Là, tout s'accélère. Toutes les observations de paires qu'il a accumulées pendant des mois prennent un sens et s'organisent autour de sa nouvelle découverte : masculin-papa-zizi ; féminin-maman-zézette. Dans une intense activité psychique, il réorganise le monde selon cette nouvelle donne. Il construit des équations de plus en plus sophistiquées : féminin-maman-zézette-doux-calin-porté-passif ; masculin-papa-zizi-dur-encouragé-actif... Intuitivement, il comprend également que ce zizi – le sien mais aussi celui de son papa – est pénétrant, contrairement à la zézette des filles, et donc de sa maman. Il ne sait pas très bien à quoi ça sert, mais il sait très bien que ça a à voir avec « faire les enfants » et d'où il vient. Dans cet univers si bien divisé en deux, il saisit que ces organes tellement importants, mystérieux, et la différence entre celui des garçons et celui des filles ont quelque chose à voir avec sa venue au monde. Quand, beaucoup plus tard, on lui explique comment se fabriquent les enfants, inconsciemment il le sait déjà parfaitement : il l'a déduit de toutes les informations qu'il a emmagasinées et ordonnées depuis sa naissance.

En même temps que le petit enfant opère la sexuation du monde, une autre information, diffuse mais constante, l'imprègne peu à peu. On dirait que masculin-papa, c'est plus fort que féminin-maman. Pas seulement dans la voix et le tonus musculaire qu'il perçoit de son père et des hommes avec qui il est en contact, mais aussi, confusément, dans tous les échanges qu'il a avec eux, et dans plein d'autres détails plus ou moins évidents qu'il observe dans son environnement. La manière dont les uns parlent aux autres ou se parlent entre eux, dont les enfants plus grands jouent entre eux et avec lui... Même si rien n'est très net, il le sent : actif, c'est plus fort que passif, et papa, plus puissant que maman...

Oh ! bien sûr, maman est peut-être très autoritaire, on dirait même que souvent elle commande papa... mais alors, si elle commande, elle a sans doute un zizi, un sceptre magique qui lui permet de gouverner... et voici ce qui apparaît dans le rêve d'un de mes patients âgé d'une quarantaine d'années. « Nous venons de nous disputer ma femme et moi ; elle est de dos dans la cuisine de la maison de mon enfance ; je me dirige vers elle pour la prendre dans mes bras et m'excuser ; elle tourne la tête vers moi, c'est un visage horrible, comme une tête de mort qui grimace et ricane ; elle soulève ses jupes et découvre un énorme pénis en érection pointé vers moi ; je me réveille en sursaut, terriblement angoissé. » Le rêve d'un autre patient mettra en scène son père, armé d'un gros bâton qu'il lui enfonce dans l'anus.

À longueur de rêves, les adultes rejouent ce conflit violent et douloureux, et ce deuil sans fin de l'autre moitié.

Une certaine confusion

Freud le disait déjà en 1905 : « Les concepts de "masculin" et "féminin", dont le contenu paraît si peu équivoque [...], font partie des notions les plus confuses du domaine scientifique[1]... » Il avait vite compris que tous ces éléments qui cimentent les fondations de l'in-

1. Sigmund Freud, *Trois essais sur la théorie sexuelle* (1905), Paris, Gallimard, 1987.

conscient s'articulent avant tout autour du couple actif/passif et de ce qui en découle. Il le soulignait un peu plus loin dans ses recherches sur l'inconscient : « La masculinité s'évapore en activité et la féminité en passivité » ; en ajoutant : « Et c'est trop peu... »

Car, bien entendu, l'actif n'est pas plus masculin que le passif n'est féminin. Il ne s'agit aucunement de caractéristiques naturelles des hommes et des femmes, encore moins d'un jugement de valeur sur les qualités des uns et des autres à agir, à entreprendre ou à se reposer et à se laisser aller ! Ce sont des articulations sémantiques, qui s'agencent autour des organes et qui vont inconsciemment donner du sens, voire renforcer les logiques sociales attribuées aux rôles sexués. Si par exemple l'insulte suprême qu'un homme puisse adresser à un autre homme est « enculé ! », cela signifie très clairement que le masculin se doit d'être actif, et que la passivité est inférieure à l'activité (et par là même que les femmes sont inférieures aux hommes de par leur passivité pénétrée). L'abomination de toutes les cultures et de toutes les époques concerne toujours la féminisation de l'homme, la tentation de la passivité. L'homosexualité elle-même peut rester glorieuse si elle demeure « active », donc « pénétrante ». Nous verrons plus loin les incidences de cette architecture inconsciente sur la sexualité masculine.

Pour le moment, en même temps que tout s'éclaire enfin pour le petit garçon qui découvre qu'il fait partie des masculins comme son papa, se noue un drame : il comprend qu'il ne fait pas partie des féminins comme sa maman. C'est un moment très bouleversant et terrifiant, pour lui. Pour les petites filles aussi : il va falloir accepter d'abandonner l'idée d'être l'un et l'autre, à la fois papa et maman, masculin et féminin. Pendant que les petits garçons doivent renoncer à avoir des bébés dans le ventre, et à être comme leur maman dans ce délicieux corps à corps fusionnel, les petites filles doivent admettre que leur zizi ne poussera jamais, et qu'elles devront se passer de cette baguette magique qui, selon les nombreuses observations qu'elles ont pu en faire, donne le pouvoir et permet d'être le roi du monde.

C'est dans ce creuset que se fabrique le fantasme universel de l'hermaphrodite, dont je parlais un peu plus haut : la possibilité de ne rien abandonner, et de ne pas avoir à se séparer d'une partie du monde ; de rester dans la passivité fusionnelle originelle, où il n'existe ni séparation ni différence, et où l'on n'a rien à choisir... C'est aussi à ce moment-là que prennent racine les fondements de l'angoisse, dans ce terrible travail de deuil de l'autre partie, et de tant de choses auxquelles il faut renoncer. Le petit garçon sait qu'il n'est pas comme sa mère et qu'il va être radicalement séparé d'elle ; il réalise aussi que si d'autres non pas de zizi, ça veut dire qu'on peut le perdre, l'enlever, le couper. La petite fille veut avoir cette chose qu'elle n'a pas, mais que les papas, symboles du pouvoir, ont...

Chacun se vit à la fois dans la perte d'une part de lui-même et dans la douleur de la séparation. Se séparer et se « sexuer » se font dans un même mouvement, la sexuation est avant tout une section. Les garçons et les filles habitent un corps dont les différences soutiennent l'architecture d'une pensée. Sans tomber dans la tarte à la crème de « l'envie du pénis chez la femme », qui ne fait qu'entériner la suprématie sociale des hommes, force est de constater l'existence d'une angoisse que la différence anatomique des sexes va les conduire à résoudre différemment. Si tous les garçons et toutes les filles sont menacés par l'existence d'un parent contraignant et envahissant, propriétaire de leur corps, ils ont vite fait d'entériner que la principale pourvoyeuse de soins, leur mère, fait partie de cette moitié de l'humanité dépourvue de pénis. Le garçon peut alors investir sa verge comme moyen d'échapper à l'emprise maternelle ; la fille va éventuellement idéaliser cet organe, mais trouvera d'autres chemins, dans la rivalité, pour réaliser cette séparation. Comme nous le verrons, cette mère trop excitante, toujours trop étouffante ou trop absente à ses yeux, va pour le pauvre homme céder la place à un féminin érotique tout aussi excitant qu'il s'agira de domestiquer. L'ombre d'une mère que les hommes ne finissent pas de quitter plane sur tant de couples !

Pour valider la grande révélation et vaincre ses peurs, les bâtons, les crayons, les pistolets, les sabres vont se sexualiser et permettre au petit garçon d'être actif et de rejouer jusqu'à la caricature le pouvoir auquel il aspire. Pour être vraiment sûr, il en rajoute et devient un super macho exigeant, coléreux, agressif. De temps en temps, pourtant, il teste encore un peu, pour être sûr : « Quand je serai grand, j'aurai des bébés dans le ventre. – Mais non, tu sais bien que c'est les mamans qui font les bébés. Toi, tu seras un papa. » Il finira par se résigner, et abandonner définitivement la vision d'un monde unisexué...

Comment on devient un garçon

Avant qu'on observe les bébés et les petits enfants à l'aide des moyens modernes comme la vidéo, les seules indications dont on disposait pour comprendre le mécanisme des premières années de construction du psychisme sont le récit de ces rêves qu'en faisaient les adultes et les quelques enfants plus grands au cours de leur thérapie. Ainsi, Freud a établi les grandes lignes de la bisexualité psychique que je viens de décrire. En accord avec la culture de son époque, il a beaucoup décrit la fusion passive avec la mère, et le rôle actif de séparation du père, qui vient arracher l'enfant aux bras maternels pour le jeter dans le monde. Pour beaucoup la messe serait dite : le féminin, c'est la fusion, et c'est destructeur ; le masculin, c'est la séparation, et ça fait du bien. De fait, depuis des siècles, la mère ou son substitut féminin était le seul interlocuteur de l'enfant, et le père, *deus ex machina*, n'intervenait que très ponctuellement.

Mais aujourd'hui, le père a un rapport corporel beaucoup plus présent avec son enfant, et l'on observe que le bébé entre aussi immédiatement en relation avec lui et se construit sur un mode beaucoup plus triangulaire que binaire, avec son père et sa mère (ou les adultes qui en tiennent lieu). Cela n'empêche pas le déchirement d'avoir à abandonner un sexe pour pouvoir appartenir à l'autre, mais la différenciation qui s'ensuit et qui permet, les années suivantes, de devenir garçon ou fille, puis homme ou femme, s'en trouve sans nul doute beaucoup moins radicale et déchirante.

L'intégration de cette bisexualité psychique est incontestablement plus harmonieuse. L'enfant construit ses représentations sur une foule de « petites différences » qu'il observe chez les adultes qui l'entourent. Dans la piscine où parfois ses parents le conduisent, cet être en devenir perçoit qu'un des deux le maintient serré contre lui, ventre contre ventre, et qu'un autre le présente au monde, son dos bien calé contre un torse plat...

Pour Winnicott[1], génial pédiatre devenu psychanalyste, le fondement du psychisme, la sensation même d'être et d'exister, est comme un « élément féminin ». Cette matière psychique serait le lieu d'une double impulsion : laisser pénétrer le monde extérieur, l'avaler, s'invaginer, devenir un contenant et, à l'opposé, refuser, rejeter, projeter à l'extérieur dans un mouvement masculin d'opposition. La transformation de la trame psychique par ces mouvements actifs et passifs constitue le socle de la pensée et la base de la perception du masculin et du féminin chez les nourrissons.

Cet « être » est un être universel. Mais lorsque les petits garçons doivent abandonner leur part féminine, et les petites filles leur part masculine, ils ne sont pas sur un pied d'égalité. Les filles perdent quelque chose qu'elles peuvent rêver de récupérer d'une autre façon, ou de gagner : elles ont vite fait de différencier le pénis du phallus, emblème du pouvoir, et de prendre conscience que cet organe n'est en rien nécessaire pour l'exercer. Les garçons, eux, doivent renoncer au féminin en ayant une conscience très précise du danger que cela représenterait d'être rattrapé par lui. C'est à ce moment-là que, pour eux, le féminin devient une menace, *la* menace absolue : celle d'être castré, de perdre son sexe et de

1. Donald W. Winnicott, « Clivage des éléments masculins et féminins chez l'homme et chez la femme », dans *Nouvelle revue de psychanalyse*, n° 7, 1973.

retourner à la passivité fondamentale. Puisque le masculin pénètre et que le féminin est pénétré, en ne s'en extrayant pas, il risque d'être pénétré passivement, et c'est la pire chose qui puisse lui arriver... La pire chose et la meilleure, puisqu'il garde en lui le délice de ses mois de petite enfance où il se laissait passivement porter, soigner, envelopper, baigner et symboliquement pénétrer par l'amour de sa mère.

C'est sur cette peur originelle et complexe qu'un garçon devient un garçon. Et c'est en fonction de ce qu'en font et de ce qu'en disent l'environnement et la société dans lesquels il grandit qu'il va devenir un homme plutôt solide ou plutôt fragile, violent ou doux, équilibré ou gouverné par sa peur... Plus on lui présente le féminin comme différent, dangereux, castrateur et dévorateur, ou inférieur et soumis, et plus il développera, à l'égard des femmes et de sa propre part féminine, une violence et un mépris qui le poussent à la différenciation systématique, au refus de se mélanger, à la haine des femmes et des homosexuels, les deux figures honnies mais aussi fascinantes de la passivité pénétrée. Le moyen le plus sûr de s'en protéger est de neutraliser les individus passifs pénétrables en les considérant comme des objets dont on jouit sans rien échanger avec eux. C'est le fondement des sociétés patriarcales barbares, où les femmes et les homosexuels n'ont aucune place de sujet.

C'est aussi sur cette peur fondamentale que s'organise la sexualité primaire, où l'on représente la femme immobile, jambes écartées, accueillant l'homme qui la pénètre, éjacule et sort d'elle sans aucun échange entre eux ; une autre image de Blanche-Neige ou de la Belle au bois dormant, inertes et passives, qui attendent que le prince vienne les réveiller. Si elle est subie sans être transformée, la fascination-répulsion de la passivité interdite conduit les hommes vers d'autres pratiques encore plus désastreuses. Dans les clubs échangistes, les hommes exacerbent jusqu'à la caricature les rôles masculin-actif contre féminin-passif, en venant s'échanger leur femme pour flirter sans danger (pour eux !) avec la peur et l'envie d'être pénétré passivement – à travers l'objet qui leur appartient... Dans les tournantes, la fascination atteint son paroxysme : une femme qui n'est rien est soumise et battue par une horde d'hommes actifs et pénétrants, comme pour rendre impossible toute interaction entre l'une et l'autre...

C'est aussi sur cette dualité exacerbée du passif-actif que s'enracinent névroses, hystéries, phobies et obsessions. L'angoisse qu'elle génère peut produire toute une série de symptômes qui jouent non seulement sur l'harmonie de la sexualité, mais sur toute la vie psychique. Cette angoisse est bien plus vive pour les garçons que pour les filles, ce qui explique, sans doute, que beaucoup plus d'hommes que de femmes souffrent de graves troubles psychiatriques...

Plus les cultures vont dans le sens de la séparation des sexes, moins elles tolèrent la mixité, et plus les garçons construisent leur virilité sur la haine, la violence, le mépris du féminin et la terreur d'être rattrapé par lui. La définition d'un homme tient alors en quelques mots : « ni gonzesse ni tantouze ». Et même s'ils sont enjolivés d'un discours policé et sophistiqué sur la nature des unes et des autres, et la jolie complémentarité qui en résulte, les fondements mêmes de la séparation des sexes contiennent cette violence originelle...

Au contraire, si les garçons apprennent à vivre tranquillement avec la part de passivité qui les habite depuis toujours, à en faire un espace d'échange qui leur permet d'entrer en contact avec l'autre, on peut commencer à envisager un monde plus réjouissant, dont les possibles sont à inventer. Si leur environnement les y incite, les garçons peuvent réussir à intégrer leur bisexualité psychique sans être effrayés de la sentir ressurgir en eux. En se l'appropriant ainsi, ils acceptent finalement de se laisser symboliquement pénétrer, non pas par un pénis mais par des sensations, des émotions, des paroles d'un(e) autre. C'est très exactement ce qu'on appelle l'intimité : un mouvement d'échange, où chacun pénètre et est pénétré par l'autre, où la communication est possible, et où la fluidité donne de la subtilité à tous les champs de la vie, y compris à la sexualité.

Toute la difficulté, pour les petits garçons et les petites filles en âge de devenir ce qu'ils sont, et pour les adultes qui les accompagnent, est d'aborder ces questions en y mettant le moins d'angoisse possible. Quand on mesure de quels enjeux il s'agit, on peut admettre que ça ne soit pas si simple ! On comprend mieux l'histoire de la layette rose, racontée il y a quelques pages. Si on se réjouit que les petites filles puissent se « masculiniser », et élargir leur horizon en y ajoutant tout ce qui, depuis des siècles, était réservé aux garçons (le pouvoir, l'action, l'entreprise...), il semble encore très inquiétant, surtout aux pères, de voir les petits garçons se « féminiser ». Parce que, pour eux, gagner en féminité, c'est risquer un grand danger et voir surgir, immédiatement, le spectre de la faiblesse, de l'homosexualité et de l'engloutissement...

L'identité sexuée des garçons et des filles ne va pas de soi. On l'a vu, elle est bien plus complexe qu'une donnée chromosomique ou biologique, puisqu'elle met en jeu, aussi et surtout, un environnement familial, social, culturel, des transmissions conscientes et inconscientes... C'est la manière dont toutes ces informations s'assimilent qui produit, au bout du compte, l'homme ou la femme que nous devenons.

Il me semble que plus la question de la naturalité des sexes deviendra obsolète, et plus nous gagnerons en liberté. À nous d'inventer d'autres trajectoires, d'autres comportements plus créatifs et plus fluides quant au rôle de chacun. La seule donnée vraiment immuable, c'est qu'il faut du masculin et du féminin pour fabriquer un enfant. Pour le reste, l'être humain possède une étonnante capacité d'inventer et de s'adapter.

La structure naturaliste dans laquelle nous évoluons depuis des siècles est en train de se déliter ; il faut inventer autre chose ! C'est exactement ce qui se passe actuellement : après des siècles sans questions, où « devenir un garçon » signifiait prendre le pouvoir, et « devenir une fille » s'y conformer avec docilité, voilà que s'ouvre à nous un monde plus égalitaire, où ce rapport de domination d'un sexe sur l'autre régit de moins en moins la vie sociale et professionnelle, et plus du tout la vie intime. Il est normal que cette période de transition, de doutes, de tâtonnements, soit douloureuse et inquiétante. C'est dans cette tourmente que sont pris Romain et Violaine, notre couple du début, et tous ceux qui arrivent dans mon cabinet remplis de bonne volonté et de désir de transformation : ils expérimentent une nouvelle donne sans pouvoir s'appuyer sur des repères, et sans bien comprendre les montagnes qu'ils ont déplacées.

En attendant de sortir de ce chaos, on peut tout de même se réjouir d'une première victoire de taille. Si les hommes souffrent de ce qu'ils ont perdu, ils peuvent, aussi, mesurer tout ce qu'ils ont à y gagner : sans doute, enfin, le droit d'avoir un cœur, sans pour autant en perdre leur virilité…

Un pénis et un phallus

Le pénis serait-il la plus simple des trois composantes d'une sexualité masculine assez complexe ? Eh bien non ! Il faut en convenir : rien n'est vraiment simple, dans ce domaine… Nous avons vu le cheminement subtil qu'il faut à un petit garçon pour découvrir qu'il possède, entre les jambes, un attribut visiblement très mystérieux et dont les adultes qui l'entourent semblent faire grand cas. C'est le début pour lui d'un assez long travail d'appropriation de ce drôle d'organe dont il réalise bientôt que les mamans et les filles en sont privées.

Avant d'avoir peur de le perdre, le garçon va d'abord devoir réaliser, éprouver physiquement, que cette chose qui dépasse de son corps lui appartient bien, à lui. C'est une phase d'appropriation : une période assez longue et angoissante durant laquelle l'enfant va vérifier, expérimenter, investir son pénis, et la représentation qu'il en a. Elle ne peut échapper à personne ! Des heures durant, les petits hommes brandissent les grandes lances de pompier pour éteindre le feu (du désir) ; vrombissent sur leur super moto qu'ils calent entre leurs jambes et dont ils font hurler toute la puissance (sexuelle) ; pourfendent de leur sabre, revolver, mitraillette, javelot, gourdin, bâton, tous les démons (de la sexualité infantile) qui se présentent à eux. Par tous les moyens à leur portée, les garçons vont accrocher leur pénis à leur corps, et dépenser une énergie considérable à l'investir pour ne faire qu'un avec lui. Ça n'est qu'une fois qu'ils auront absolument intégré cette partie d'eux-mêmes qu'ils pourront l'utiliser tranquillement ; mais aussi, malheureusement pour eux, qu'ils pourront avoir peur de la perdre...

Ou plutôt de « les » perdre car, pour tout arranger, le pénis est multiple ! La psychanalyse l'a doublé de ce qu'elle a nommé un « phallus », qui désigne la représentation qu'on a dudit pénis. Mais c'est finalement, pour une fois, plus simple que cela n'y paraît. Je l'ai déjà évoqué, mais il me semble important d'y revenir. En même temps que les petits garçons découvrent qu'ils sont dotés d'un pénis, et les petites filles qu'elles n'en ont pas, les enfants déduisent de leur découverte et de l'observation qu'ils peuvent faire du monde qui les entoure que celui qui a un pénis semble aussi détenir l'autorité et la puissance. Et qu'il fait partie de ce qui est dans l'action, la conquête ; de ce qui pénètre et qui émet de l'intérieur de soi vers l'extérieur ; de ce qui, comme nous le verrons, permet de trancher et de séparer...

Voilà comment le pénis, dont on peut dire que la seule chose réellement tangible et vérifiable est sa capacité à s'ériger et à pénétrer, devient aussi un phallus, une arme symbolique très puissante, utilisée par pratiquement toutes les sociétés pour organiser la domination des hommes-actifs-pénétrants sur les femmes-passives-pénétrées. Voilà comment un élément anatomique, une différence d'organe, devient l'articulation majeure d'une culture sur laquelle vient se construire et s'organiser le psychisme des filles et des garçons. Et voilà comment, depuis la nuit des temps, on apprend aux petits humains, sans jamais envisager de le remettre en cause, que pouvoir pénétrer, c'est bien plus puissant que pouvoir être pénétré, et qu'un homme est donc plus puissant qu'une femme...

Il faudra du temps au petit garçon (mais aussi à la petite fille !), puis à l'adulte qu'il devient, pour comprendre que ce pénis niché entre ses jambes n'a finalement pas grand-chose à voir avec la puissance phallique qu'on lui attribue, et que pénis et phallus ne sont pas aussi indissociablement liés qu'on veut bien lui faire croire. Et il faudra du temps à la société que nous constituons pour l'admettre à son tour, collégialement. C'est ce qui fragilise beaucoup les hommes d'aujourd'hui. Depuis des millénaires, toute l'architecture psychique et culturelle de la domination masculine s'appuie sur ce pénis-phallus, à la fois érectile et pénétrant. Mais s'il n'est plus nécessaire d'être porteur du pénis pour être porteur du pouvoir, que va-t-il advenir de leur précieux attribut ? Sont-ils, de ce fait, condamnés à l'impuissance et à la castration ?

Autant dire que tout ça donne une certaine importance au sexe des hommes... Si l'on y ajoute la délicate mission qu'il a de se mettre en érection – si possible au moment opportun – pour assurer à la fois la reproduction de l'espèce, la jouissance de son propriétaire, mais également celle de sa ou de son partenaire, on peut comprendre qu'il fasse l'objet de tant d'attentions, d'interrogations, d'investigations, de projections, de représentations et, parfois, de perturbations.

C'est une des inégalités inéluctables des relations entre les hommes et les femmes : seule l'érection permet l'acte sexuel. Et l'érection, c'est l'affaire de l'homme. Il s'en sent responsable, et la femme le dément rarement. Pour que ce pénis mérite son élévation au grade de phallus, bâton tout-puissant, arme absolue de domination, il doit bander, pour pénétrer. Les manuels d'anatomie expliqueront, mieux que moi, la petite mécanique du précieux organe et la manière dont il se durcit et se dresse, grâce à un afflux de sang commandé par le cerveau vers les nerfs érecteurs, afin de devenir le membre triomphal par lequel les spermatozoïdes, transportés par le sperme, pourront tenter d'atteindre leur but. Pourtant, un détail échappe souvent au néophyte : pour que le sang puisse affluer dans ces corps spongieux et caverneux, il convient que les muscles de la verge soient parfaitement... relâchés ; détente et accueil : ça n'est pas le moindre des paradoxes, j'aurai l'occasion d'y revenir.

Mais qu'est-ce qui provoque le désir, qui provoque la mise en œuvre des nerfs érecteurs, qui provoque l'afflux de sang, qui provoque l'érection du pénis aux muscles parfaitement relâchés ? Qu'est-ce qui fait bander un pénis, et lui permet ainsi d'être aussi un phallus conquérant et dominateur ? Et à quoi ça sert, finalement ?

Une angoisse incontournable

La première fonction du pénis, c'est la capacité qu'il donne à l'homme de pénétrer, mais aussi de pouvoir se retirer ; en fait, de pouvoir entrer et sortir ; d'être dans un mouvement actif. Lorsqu'il découvre qu'il fait partie de ceux qui ont un pénis, le petit garçon sait aussi, parce que tout son environnement n'a cessé de le lui indiquer, qu'il va devoir se mettre en mouvement actif, et entrer en contact avec le monde ; prendre sa place dans le monde de cette façon-là : entrer, sortir ; aller, venir ; prendre l'initiative de son propre destin...

Une des premières épreuves à laquelle il va devoir faire face pour être actif est une nécessité vitale : il faut qu'il se sépare du maternel. Et ici un rappel s'impose : le maternel n'est pas plus la personne de la mère que le paternel n'est la personne du père ; le corps à corps avec la mère reste cependant généralement plus puissamment fusionnel que le corps à corps avec le père.

Il pressent que s'il reste blotti dans la fusion maternante, il ne pourra accéder à son individuation. Il lui faut donc, impérativement, se détacher de cette mère-matrice dans laquelle il est englouti, et s'extirper de la passivité fusionnelle dans laquelle il est si bien, pour se jeter dans l'activité et le mouvement que lui impose son état de garçon.

Mais, si une partie de lui désire s'arracher à sa mère, une autre aspire à se laisser porter, emporter, engloutir dans cet amour maternel infini et dans le plaisir qu'ils y prennent l'un et l'autre. Dans un double mouvement, le petit garçon se dégage de ce personnage maternel intrusif qui décide à sa place et le pénètre de son désir. Il investit son pénis comme étant l'arme phallique qui lui donne le pouvoir de réaliser cette séparation.

C'est, pour lui, source d'une très grande angoisse : que va-t-il se passer si sa mère n'est plus lui ? S'il ne parvient pas à se séparer d'elle, qu'adviendra-t-il de son pénis ? Investir ce pénis, l'intégrer à son corps, est-ce renoncer à tout jamais à être une maman ? ne pas pouvoir avoir des bébés dans son ventre, comme elle ? être un garçon pour toujours ?

Et si par malheur il n'était pas celui qui pénètre, que se passerait-il ? Les informations dont il dispose à ce sujet sont extrêmement inquiétantes : il semblerait qu'être pénétré soit terriblement humiliant et vous mette en position de soumission passive. Il semblerait même que ce soit ce qui puisse arriver de pire et de plus dangereux, surtout à un garçon...

C'est à ce moment-là de la vie que se créent les fantasmes. Ils mettent en scène cette terreur de fusion, d'engloutissement, de castration, d'humiliation, de soumission, de perte du pénis et de la puissance, donc de la masculinité. Les dessins des petits garçons et les rêves des hommes montrent toute la confusion que produit l'immense angoisse de devoir à la fois se sexuer et se séparer. Les garçonnets se dessinent avec des bébés chiots dans le ventre, dont ils accouchent par l'anus, et les mamans toutes-puissantes se retrouvent dotées de gros zizis-phallus cachés sous leurs jupes ; des monstruosités qu'on retrouve inlassablement quelques années plus tard, dans leurs cauchemars d'hommes devenus adultes...

Cette épreuve de séparation et de sexuation entoure d'angoisse tout ce qui touche à la sexualité. C'est même une peur fondatrice, sur laquelle va s'accrocher et se construire tout l'univers fantasmatique de chaque individu. Les filles aussi ont à se séparer de leur mère pour ne pas se laisser engloutir. Mais elles risquent beaucoup moins : elles n'ont pas de pénis à y perdre. C'est le premier accroc à la fameuse toute-puissance du masculin sur le féminin : d'un point de vue psychique, les filles sont beaucoup moins fragiles que les garçons, parce qu'elles n'ont pas à se construire sur cette angoisse fondatrice de pouvoir perdre leur pénis.

Pour un garçon, se fabriquer une vie fantasmatique autour de ce corps doté d'un pénis est une immense angoisse, incontournable, nourrie par plusieurs composantes qui vont le constituer tout au long de sa vie. La principale de ces composantes est ce double mouvement de sexuation et de séparation : j'ai un pénis qui fait de moi un garçon ; si je ne me sépare pas de ma mère, je risque de perdre ce pénis...

Il faut bien avouer qu'il y a de quoi être effrayé, non ?

« Che voi ? »

On comprend mieux, dès lors, la place prépondérante que sa mère occupe dans la vie d'un homme, et jusque dans sa sexualité. Je le répète souvent : pour la plupart des couples qui viennent me consulter, il ne se passe pas une première demi-heure sans que la femme finisse par prononcer la formule magique « si ta mère était moins... », « le problème, c'est ta mère... », « si tu t'occupais moins de ta mère... ». Je ne pourrai pas faire autrement que d'y revenir, encore, dans chaque partie de ce livre : la mère prend une place imposante, et souvent encombrante, dans le cœur des hommes... Dans leur lit aussi, et cela mérite quelques explications.

Il y a, d'une part, cette angoisse incontournable de la fusion/séparation que je viens de décrire. Les cultures du monde entier ont intégré et représenté cette peur fondatrice ; les lieux de culte, les autels et les musées regorgent de représentations de ces déesses mères toutes-puissantes, avaleuses, dévoratrices ; des sirènes et des Circée qui tentent d'hypnotiser les valeureux Ulysse pour mieux les engloutir...

L'ombre de cette emprise creuse encore plus le sillon social qui conduit les hommes à se construire contre la féminité, dans une sorte de peur du féminin, et d'abord en eux-mêmes. Ce sexe caché, mystérieux, inquiétant, s'oppose à leur organe visible, tour à tour puissant et vulnérable, mais toujours menacé. « En avoir ou pas » équivaut à échapper à la toute-puissance maternelle, à trancher, à fuir les délices de la passivité, de la fusion et de la non-différenciation. La peur des hommes s'appuie sur la conviction que les femmes, succédant à leur mère, veulent s'emparer du pénis, soit pour leur propre puissance, soit, telle l'héroïne de *L'Empire des sens*, pour l'incorporer et en jouir indéfiniment.

Le regretté Jean Cournut[1] soulignait à quel point l'inconscient des hommes se peuplait de femmes à la sexualité animale et sauvage, insatiable et inassouvie, en liaison avec les forces diaboliques. Ces femmes que des tribunaux cherchent, pour la plus grande gloire de Dieu, à canaliser et à asservir à la perpétuation de l'espèce. Dans ce mouvement de domestication, les femmes vont être soit magnifiées, soit méprisées. Idéalisées ou dangereuses, Vierge Marie ou Marie-Madeleine, sanctifiées ou brûlées en place de Grève, elles inspirent le même effroi. Il faut domestiquer cette nature sauvage, lui ôter le clitoris, la dissimuler sous des voiles et des burkas, et s'en tenir à l'écart sous peine de se retrouver irrémédiablement féminisé, dans une position de passivité pénétrée. Terreur suprême, les Grecs et les Romains opposaient le phallus à l'ensemble des orifices. La passivité doit être une bien terrible tentation pour qu'il faille à tout prix s'en écarter. Le repos du guerrier n'a qu'un temps, et la tâche des fils est de se séparer de leur mère.

Toute la misogynie des hommes, relayée parfois par les femmes elles-mêmes, s'appuie sur ce double mouvement d'idéalisation et de mépris, d'apologie et de rejet, de sanctification et de rabaissement à une nature honteuse.

1. Jean Cournut, *Pourquoi les hommes ont peur des femmes*, Paris, PUF, 2006.

Mais pour le petit, ça n'est pas que terrifiant : c'est aussi fascinant et délicieux. Être l'objet passif de sa maman, se laisser toucher, porter, désirer, caresser, soigner ; sentir que ça la comble parfaitement, et qu'on ne fait qu'un avec elle, dans un plaisir mutuel, produit un flot de sensations merveilleuses que le corps enregistre et garde en mémoire comme ce qu'on peut ressentir de meilleur. Cette mémoire engrammée constitue une sorte de « base de données », un « mètre étalon » de ce que peut être le plaisir.

De cette ambivalence naît la sensation de grand péril qu'il ressent : c'est à la fois dangereux et délicieux ; mortel et vital... Et c'est à ce moment que s'impose une question qui, elle aussi, poursuivra l'homme tout au long de sa vie : *« Che voi ? »* « Que veux-tu ? » « Que me veut ma mère ? » Que je sois son objet, que je la satisfasse, que je comble ses désirs, que je sois exactement comme elle a envie que je sois. Que je me laisse dépendre totalement d'elle, et que je la contente...

« Che voi ? » C'est cette même question, exactement, que l'homme adulte se posera à chaque fois qu'il rencontrera une femme : « Que me veut-elle exactement ? » Et on imagine sans difficulté quelle boîte de Pandore elle ouvre instantanément ! Cette femme qui s'approche, qui me touche, qui provoque sur mon corps ces sensations délicieuses que je reconnais, quand va-

t-elle vouloir à son tour m'engloutir ? Faire de moi un objet passif et dépendant, pénétré de son désir et de ses émotions ?

C'est le dilemme du « féminin-maternel ». Chaque femme qu'il rencontre peut renvoyer l'homme à sa mère. C'est un très grand travail psychique, pour lui, de parvenir à dissocier l'image de la femme de celle de la mère. Et si l'on considère quel risque terrifiant d'absorption fusionnelle une mère représente pour son fils, on comprend mieux quel danger une femme peut représenter pour un homme ! Dès qu'il entre dans un échange affectif avec elle, il prend le risque de se trouver menacé, et plongé dans une situation de dépendance et d'engloutissement par l'autre. Les couples d'aujourd'hui se débattent avec cette aporie : plus ils gagnent en intimité, plus la crainte de l'intrusion et de l'envahissement par leur compagne menace les hommes et les fait disjoncter... Mais ce sont aussi de plus en plus fréquemment des femmes qui, en se « masculinisant », sont soumises à ces atermoiements et redoutent la fusion avec leur partenaire.

Et lorsqu'il est question de plaisir sexuel, de jouissance physique, la question se complique encore un peu plus ! Qu'est-ce que c'est que ce déchaînement infini du plaisir féminin ? Est-ce que je lui fais plaisir ou est-ce que je lui fais mal ? Ou les deux ? Est-ce que j'ai envie de lui faire mal, ou plaisir ? Ou les deux ? Qu'est-ce que c'est que cet océan obscur et fascinant qui semble sans fin, illimité, impossible à circonscrire ? Cette chose si mystérieuse qui n'appartient qu'aux femmes et dans laquelle elles semblent vouloir… s'engloutir, et nous avec ? Ce moment où le corps de l'homme retrouve toutes ces sensations merveilleuses des premières semaines de sa vie dont il a mis tant de force à s'extraire ? Et où il se sent happé par elles ?

Simon est un homme de quarante-cinq ans. Il a été dans son enfance victime d'un pédophile, ami proche de sa famille, et a eu beaucoup de mal à surmonter cette blessure. Élevé seul par sa mère, il a pour elle un amour ambivalent, teinté d'une certaine méfiance. Il est en analyse depuis quelques mois lorsqu'il doit affronter une situation extrêmement douloureuse pour lui : au cours d'une visite chez sa mère, elle lui raconte que le gendre d'une de ses cousines a abusé de son propre fils âgé de douze ans. Très excitée par son histoire, elle ne lui ménage aucun détail. Simon est sidéré ; il ne veut rien entendre, mais il ne peut ni bouger ni protester. Il est comme hypnotisé par sa mère, englouti dans une passivité fondamentale. Il ressent selon ses propres termes une « chaleur glacée », il a le sentiment de tomber « dans les bras de la mort ». Rentré chez lui, il veut relater la scène à sa compagne. Mais celle-ci ne veut pas l'écouter, et, pour l'arrêter, lui plaque la main devant le visage, doigts écartés. Simon a l'impression de voir surgir une de ces multiples araignées qui hantent ses cauchemars. Il ne se calmera que lorsqu'il saisira en séance les déterminants de cette scène : le silence complice de sa mère vis-à-vis de l'abus qu'il a subi enfant, la hantise de l'éternel retour à la fusion maternelle, l'envahissement par l'excitation sexuelle incestueuse de sa mère, et les araignées qui figurent un sexe féminin terrifiant...

Heureusement pour lui, pour se protéger de toutes ces terreurs, l'homme sait depuis toujours qu'il dispose d'une arme très efficace : la séparation. Il peut entrer, bien sûr, aller goûter ces délices, s'approcher de toutes ces merveilles, à une condition : il doit ressortir avant d'y être englouti. C'est son boulot d'homme, et sa porte de salut : c'est lui qui agit, qui décide. Qui vient, et qui s'en va. Qui coupe court à la fusion avant de s'y perdre... Qui maîtrise jusqu'où il s'engage, et quand il est temps de se retirer.

C'est un des points fondamentaux qui différencie les hommes des femmes. Si une femme aspire à se faire happer par l'homme qu'elle aime, elle ne prend pas le risque qu'il l'engloutisse, et de se retrouver emprisonnée dans la fusion d'avec sa mère, dont elle a mis elle aussi tellement d'énergie à s'extirper : il est un homme, pas une femme ! Il ne peut pas l'entraîner à l'intérieur de lui-même dans un plaisir infini dont on ne distingue pas les limites ! C'est le deuxième accroc à la fameuse toute-puissance du masculin sur le féminin : dans l'acte sexuel, d'un point de vue fantasmatique, les femmes risquent certes l'abandon, mais les hommes risquent l'engloutissement : la seule solution qu'ils ont, c'est de sortir, de partir, de fuir.

Toutes les représentations de l'« éternel masculin » nous décrivent un homme qui aime et qui voyage, un homme éperdu d'amour mais aguerri à la séparation. On l'y a forgé depuis sa plus tendre enfance. Élevé par Viviane, la Dame du lac, Lancelot est le modèle du chevalier courtois : puissant et beau, guerrier sans peur et sans blâme, amant sensible et délicat. Il se montre aussi hardi dans les affrontements, dans les passages périlleux, qu'il apparaît réservé, presque timide, dans les choses du cœur. Cet homme capable de colère et de déchaînement dans les batailles, cet homme qui par sa vaillance brise les enchantements, met en déroute les fantômes, lorsqu'il aperçoit Guenièvre à sa haute fenêtre manque de s'évanouir, tout ébahi d'amour [1]...

Il faut bien comprendre qu'il s'agit d'images fantasmées, sur lesquelles se construit le psychisme des uns et des autres. Je ne suis pas en train de dire que toutes les mères dévorent leurs enfants, et que toutes les femmes rêvent de ne faire qu'une bouchée de leurs amants ! Je

1. Jaqueline Kelen, *L'Éternel Masculin*, Paris, Robert Laffont, 2002.

décris, simplement, les mécanismes profonds, mythiques et inconscients, sur lesquels se fonde notre sexualité. En connaître l'existence peut permettre à chacun de comprendre d'où il vient et ce qui le fait agir, et, éventuellement, de s'octroyer la liberté de s'en mettre à distance !

On s'explique mieux, alors, pourquoi les hommes ont dépensé tant d'énergie, depuis des millénaires, à vouloir dompter la jouissance féminine ! Le seul moyen de ne pas y être englouti, c'est de l'annihiler ou, au moins, de la border sévèrement. Portés par la question terrifiante du *« che voi ? »*, les hommes se sont organisés. Ils ont, d'abord, soigneusement séparé maternité et féminité. Ce qui donne, chez nous, le charmant « toutes des salopes sauf ma mère », et la répartition des femmes en deux catégories : la mère ou la putain. Comme ça, au moins, les choses sont claires.

C'est sur la même base que s'est installée l'idée de la pureté et de l'impureté des femmes. Dans certaines peuplades, dont j'aurai l'occasion de reparler, la question est réglée une bonne fois pour toutes : chez les Baruyas de Nouvelle-Guinée, par exemple, la femme est impure, un point c'est tout. Les hommes ont donc organisé la totalité de leur vie, de leur naissance à leur mort, autour de trajectoires très précises d'évitement de tout contact avec les impures, sauf à des moments stratégiques nécessaires à la reproduction de l'espèce... Dans la mythologie indienne, le sang des hommes devient vicié après le mariage, car, quand l'homme déverse sa force dans la femme, cette force se mélange à son sang et le dénature. Ainsi, la « Jaljogni » prend l'aspect d'une belle femme qui s'approche des hommes au son des clochettes qu'elle porte aux chevilles : elle les épuise en commettant « la mauvaise chose » avec eux puis leur ouvre le pénis pour boire tout leur sang. Les musulmans partagent avec les hindous ce fantasme fondamental de la culture indienne : la vision horrible d'une sexualité féminine omnipotente qui aspire, vide et anéantit même le plus puissant des hommes. Sudhir Kakar [1] relie ce fantasme à la terreur éprouvée par l'enfant mâle indien envers l'érotisme « démoniaque » de la mère. La jouissance masculine peut se muer en terreur d'un anéantissement permanent et d'un épuisement de l'être. Pour nous, les démones ne sont que la matérialisation des fantasmes inconscients des hommes...

Mais il n'est pas besoin d'aller jusqu'en Inde ou en Nouvelle-Guinée ! Toutes les cultures et tous les intégrismes religieux qui prônent la séparation des hommes et des femmes le font au nom de la pureté maternelle et de l'impureté féminine, que ce soit clairement énoncé

1. Sudhir Kakar, *Chamans, mystiques et médecins*, Paris, Seuil, coll. « La couleur des idées », 1997.

ou plus flou. Pourquoi voile-t-on les femmes ? Parce qu'elles sont à la fois excitantes et toutes-puissantes. En les excluant, les hommes s'en protègent et restent en position de domination ; en les privant de la possibilité de jouir, ils se mettent à l'abri du danger d'être emportés par ce plaisir infini dont ils ne maîtrisent pas les limites...

La question du *« che voi ? »* et la boîte de Pandore qu'elle ouvre dans l'inconscient des hommes contiennent, en deux mots, toute la complexité de la sexualité masculine. Quel que soit le niveau de culture, d'évolution, d'intimité entre les hommes et les femmes, il reste ce fondement minimal, cette inféodation à nos organes – l'un qui pénètre, l'autre qui reçoit – et cette peur fondatrice de la dévoratrice et de l'envie/refus d'être dévoré.

Nous n'y échappons pas, mais nous pouvons en jouer ! À partir du moment où un homme et une femme sont dans un vrai rapport d'égalité, parce que la société dans laquelle ils vivent les y autorise, ils ont la possibilité de sortir du carcan du masculin et du féminin qui rigidifie et fige les fantasmatiques, pour partager et transformer ces peurs et ces désirs en jeux relationnels, en échanges subtils... C'est la grande différence entre l'érotisme et la sexualité brute.

Comme papa

Le plus souvent, le petit garçon n'est pas tout seul pour affronter son ogresse de maman, et c'est tant mieux ! Dans la plupart des cas, la mère est accompagnée d'un homme, ou d'une personne qui fait figure de père, dont le rôle est, classiquement, d'activer et de faciliter l'indispensable séparation entre elle et son enfant. Mais pas seulement. Et c'est ici que les nouvelles formes d'exercice de la paternité sont bien intéressantes. Le « père séparateur » mais aussi trop souvent cantonné dans le silence, l'absence, voire l'abandon, a fait long feu. Pères et mères, désormais, ont à prendre ensemble à bras-le-corps ce processus d'alternance fusion/séparation. Des études de plus en plus nombreuses montrent à quel point l'absence de père est préjudiciable pendant les deux premières années d'existence de leur garçon. Le père n'est pas seulement un modèle parce qu'il est occupé ailleurs et indépendant ; le corps à corps qu'il engage avec son fils est aussi fondamental que la relation à la mère. Et c'est la qualité de cette relation corporelle qui renforce le sentiment d'une identité masculine.

L'identité du fils est ainsi ancrée dans le corps du père[1]. Si le père est absent charnellement, s'il n'est pas

1. Guy Corneau, *Père manquant, fils manqué*, Paris, Les Éditions de l'homme, 2004.

incarné dans la relation avec son fils, si les fils ne se développent pas positivement par rapport au corps du père et de l'homme, en étant en contact avec lui, ils se développeront négativement contre le corps de la mère et le corps féminin : l'histoire d'amour entre la mère et le fils devient une lutte de pouvoir, et le garçon se retrouve en guerre contre les femmes. En étant touché, caressé, soigné aussi par son père, le petit garçon apprend que le monde des sens, du corps et de la caresse n'appartient pas qu'aux femmes. Si le fait de toucher, cajoler, embrasser, rire et pleurer, sentir et être ému est réservé à la mère, l'adolescent pour se sentir homme va avoir tendance à nier qu'il a un corps et, à la naissance de la sexualité, à se concentrer sur le plaisir génital. Les hommes risquent de réprimer toute sensualité et toute incarnation de leur corps ; j'aurai l'occasion d'y revenir.

Les nouveaux pères ne sont pas des mères *bis* mais bel et bien des pères qui permettent à leurs fils de prendre chair, d'habiter leur corps. En cajolant leur fils, ils leur ouvrent la porte de leur sensibilité et dans un même mouvement découvrent la leur ; ils découvrent qu'ils ont un corps et peuvent mieux entrer en résonance avec le corps féminin. Le père donne une colonne vertébrale[1]. C'est aussi un contact de peau et d'odeur, de tonus et de soutien, et la qualité de ce corps à corps

1. Guy Corneau, *Père manquant, fils manqué*, *op. cit.*

père-fils permettra plus tard d'éviter au mieux la violence de l'adolescence liée à l'arrachement du corps maternel.

Au milieu du chaos et de la bagarre terrible que représente pour lui le processus de séparation et de sexuation, le petit garçon a besoin de pouvoir s'appuyer, s'identifier à un « homme-actif-pénétrant », à qui il a envie de ressembler, ce qui peut le consoler, un peu, de devoir s'arracher aux douceurs de la fonction maternelle, et aborder un processus de différenciation. C'est avec cet homme, ou cette personne faisant figure de père, qu'il va petit à petit s'approprier sa virilité, dans tout ce qui la constitue : la puissance, l'action, la capacité à aller et venir, bien sûr, mais aussi la part féminine contenue dans la bisexualité psychique présente en chacun d'entre nous. Cet homme, la mère doit lui laisser une place. Il peut bien sûr être incarné par un substitut, voire, même si c'est plus compliqué, être simplement « présent » à l'intérieur de la mère, dans sa propre bisexualité psychique.

J'ai ainsi suivi Matthieu, un jeune adolescent à la masculinité tranquille, élevé par un couple de femmes. Une identification au masculin de très grande qualité avait pu s'effectuer avec Madeleine, la compagne de sa mère, Laure. Très liée à son propre père, Madeleine hébergeait en elle une image paternelle très investie et très positive, qui lui a permis de prendre auprès de Matthieu la place du « père ». L'enfant n'avait que des contacts très épisodiques avec ce « grand-père par alliance », mais Madeleine était si remplie de son père qu'elle pouvait, dans le quotidien, le représenter auprès de lui. Madeleine avait ainsi la capacité de calmer les angoisses de Laure quand l'enfant était malade. Ou de pacifier leurs conflits autour des contraintes du quotidien. Matthieu connaissait parfaitement son pouvoir sur Laure, savait la faire tourner en bourrique et obtenir ce qu'il désirait. Sans la présence de Madeleine, qui le cadrait et lui donnait des limites, il dit de lui-même qu'il serait devenu un enfant roi. Madeleine était ainsi comme un pont entre le fils et la mère, un pont qui à la fois sépare et conjoint. À d'autres moments du reste, les rôles s'inversaient et c'est Laure qui débrouillait les disputes parfois violentes entre Matthieu et Madeleine.

Nous verrons plus loin que ce « pont » est une caractéristique fondamentale de la fonction paternelle, et que les hommes ne sont pas seuls à se livrer à cet exercice, loin de là !

La réalité des transformations familiales nous amène à sortir de cet univers bien ordonné, largement naturalisé par la psychanalyse comme s'il allait de soi, qui confère aux femmes et aux mères le monopole de la fusion, celui d'élever leur enfant dans leurs jupes ; aux hommes et aux pères l'apanage de la séparation, celui d'éviter trop d'intrication pulsionnelle. Aujourd'hui, de plus en plus, les papas et les mamans sont à égalité dans ce va-et-vient incessant entre la fonction dite « maternelle » de fusion (souffrir dans l'autre) et la fonction dite « paternelle » de séparation (souffrir pour l'autre). Mais, de ces deux places, celle du père-qui-sépare-et-qui-tranche devient la patate chaude que chacun tente de se refiler.

Pour plaire à ce père, avec qui les relations sont *a priori* plus simples et moins effrayantes qu'avec leur maman, les petits garçons alternent entre deux positions. Soit ils sont tendres et câlins comme leur mère, puisque c'est ainsi qu'elle plaît à cet homme ; ils déploient alors des trésors de séduction évidente et frontale dont les pères ne savent pas toujours très bien quoi faire (et dont certains pères déséquilibrés font des choses terribles et incestueuses) : on se frotte, on se câline, on se blottit, on sourit, on caresse... Soit ils sont rudes et virils comme leur papa : plus question, alors, de séduction, mais bien de rivalité, d'agressivité, de bagarre et de confrontation.

Le garçon a absolument besoin de pouvoir alterner ces types de relation avec l'homme ou les hommes qui l'entourent. C'est en les expérimentant avec quelqu'un « comme lui » qu'il va apprivoiser ces deux facettes de son psychisme et apprendre à les équilibrer sans inquiétude. Enfin, sans inquiétude, c'est vite dit ! Cette identification au masculin, qui permet à la fois de s'approprier son pénis et d'épanouir sa part féminine, n'est pas sans embûche. Une fois encore, le garçon est confronté à ce qui est à la fois terrifiant et désirable, qui fait en même temps du bien et du mal. Le fantasme le plus significatif de cette identification au masculin se retrouve dans un rêve que les psychanalystes appellent « un enfant est battu ». Le garçon imagine – ou dessine – un enfant sur les genoux de son père, qui le bat ou qui, par exemple, lui enfonce un bâton dans l'anus. Le garçon oscille entre le plaisir que prend son papa à battre et à pénétrer, et le mal que ça doit faire à l'enfant d'être battu et pénétré. Il voudrait à la fois être cet enfant passif qui donne du plaisir à son papa, et ce papa actif qui domine cet enfant ; être du côté des passifs-pénétrés, et aussi du côté des actifs-pénétrants...

L'appropriation du masculin par identification à son (ou à un) père est une étape fondamentale dans la construction psychique d'un garçon. La manière dont elle se déroule peut avoir un impact capital sur l'homme qu'il deviendra, sur les relations qu'il entretiendra avec son corps, et sur sa sexualité. Il s'agit, pour lui, d'investir narcissiquement son propre sexe, pour pouvoir, plus tard, investir le corps de la femme. Encore faut-il investir à une juste valeur ! Certains hommes, souvent encouragés par leur père, ont tellement survalorisé leur pénis qu'ils ne sont plus qu'un pénis ! Les voici donc transformés en machos super virils, confrontés à deux écueils aussi désolants l'un que l'autre. Soit ils sont condamnés à bander sans fin pour des femmes (ou des hommes)-objets, en déniant tout désir qui pourrait venir de l'autre, et même en déniant leur propre désir. Soit ils sont figés dans l'angoisse terrible que ce pénis si central ne fonctionne pas, et ils sont confrontés à tous les troubles possibles de l'érection : impuissance, éjaculation précoce... C'est aussi chez ces hommes-là que l'on trouve les fétichistes, enfermés dans une adoration donjuanesque du corps féminin, dont ils font une sorte d'objet sacré, harnaché de bas résilles, talons aiguilles, corsets... De leur masculinité, ils n'ont gardé que ce pénis-objet, auquel ils répondent par le corps-objet des femmes. Qu'ils soient Don Juan, macho-baiseurs ou impuissants, ces hommes-là souffrent tous du même « défaut de construction » : leur pénis ne fait pas partie d'eux-mêmes. C'est un objet dont l'extériorité les empêche d'être un sujet désirant, et qui les prive de la capacité d'entrer en relation intime avec d'autres sujets désirants.

Les papas auxquels s'identifient les garçons ont une autre responsabilité, tout aussi capitale pour les hommes qu'ils deviendront. Ce sont eux qui donnent à l'enfant l'« autorisation » de développer ou pas sa part féminine ; c'est sur eux que le petit garçon va éprouver et régler la manière dont il ressent sa bisexualité psychique. Face à une attitude paternelle rude et rigide – « Défends-toi ! Arrête de pleurer ! Rends coup pour coup ! Sois un homme... » –, l'enfant peut n'avoir pas d'autre choix que de bâillonner, d'écraser, d'arracher de lui ce qu'il a de féminin, et qui lui permettrait de trouver en lui la capacité d'entrer en résonance avec les femmes. Exacerber la virilité de son fils en le sommant de rejeter toute féminité, le convaincre que tout ce qui n'est pas actif-pénétrant-masculin est humiliant, c'est le mutiler gravement, et le rendre incapable d'avoir un rapport d'intimité avec une femme, le cantonnant ainsi à une sexualité « brute » dont toute possibilité d'échange et d'érotisme est absente...

La vie est rude pour les petits garçons ! Ils ont besoin qu'on les laisse faire tranquillement cette longue et complexe maturation, en leur donnant la possibilité de s'identifier à des adultes qui ne les empêchent pas de s'y retrouver dans leur bisexualité psychique. Ainsi, ils pourront accepter tranquillement de s'identifier à leur propre sexe, en faisant le deuil de l'autre sexe, sans pour autant s'en priver ni en avoir peur.

3.

Le sexe des hommes

« Quelqu'un m'a demandé si j'aimerais changer de sexe. J'ai répondu : ben ouais, j'aimerais en avoir un plus gros. »
Coluche.

Un jour, le maître demande au jeune disciple :

« Peux-tu me dire dans quelles circonstances tu as une érection ?

— Je ne sais pas, maître, mais cela se produit souvent.

— Quand tu as une érection, quel effet cela te fait-il ?

— C'est plaisant, mais en même temps je ne me sens pas très bien.

— Que fais-tu quand cette érection se produit ?

— Parfois, je me sers de ma main jusqu'à ce que le sperme jaillisse. Après, ça va mieux.

— D'accord, c'est une façon de faire. Mais il ne faudrait pas que cela se prolonge. Voudrais-tu toujours te servir de ta main ?

— Non, ce que j'aimerais, c'est trouver une femme, m'introduire en elle en érection et pousser de toutes mes forces.

— Que crois-tu que la femme puisse en penser ?

— Je ne comprends pas ce que vous voulez dire, maître.

— Elle n'est pas morte autant que je sache ? Ou bien voudrais-tu avoir un rapport sexuel avec un cadavre ?

— Oh non !

— Alors il faut qu'elle participe à ce rapport d'une façon ou d'une autre, elle doit y trouver quelque chose pour elle-même, sinon pourquoi le ferait-elle ? Qu'est-ce que tu as à lui donner ?

— Que voulez-vous dire par donner ? Je veux juste trouver un trou et y enfoncer mon sexe !

— Et pourquoi la femme devrait-elle aimer cela ? Que reçoit-elle ? Que lui arrive-t-il ? Quand tu me répondras correctement, je te trouverai une femme... »

Et le maître donne un mantra à l'élève pour l'aider à méditer sur cette question. Le jeune homme revient au bout de quelques jours après avoir repensé à leur conversation et médité avec le mantra.

« Gourou, je pense que ce que la femme veut, c'est remplir un espace vide.

— C'est juste, c'est une des réponses correctes. La plupart des femmes souffrent d'un espace vide que l'homme remplit avec son pénis. Tu combles un manque en elle. De la même façon, ton pénis est incomplet sans le vagin qui le reçoit. Dans l'acte d'union, la femme et toi devenez complets... Maintenant que tu as compris, désires-tu avoir une femme ?

— Pas tout de suite, maître... »

Ce petit conte tantrique, si limpide, est le résumé parfait et malicieux de toute la complexité sur laquelle se construit la sexualité masculine. Depuis des milliers d'années, dans la plupart des civilisations, les hommes ont organisé des sociétés pour exprimer leur sexualité et assurer leur descendance. Ils sont donc souvent allés au plus rudimentaire, un peu comme ce jeune adolescent hindou : désirer une femme, ce serait banal, simple, biologique et instinctuel ; « dans l'ordre des choses ». Il suffirait d'une verge en érection, qui rencontrerait un vagin dans lequel s'engouffrer, et le tour serait joué : désir assouvi et reproduction de l'espèce assurée ! La loi de la nature, en quelque sorte...

Seulement, voilà, il se trouve que depuis toujours, les hommes ont été confrontés à de multiples complications à propos de ce sujet pourtant si élémentaire qui semble poser bien peu de problèmes aux autres espèces animales. Et pour cause... Les animaux n'ont inventé ni les sex-shops ni les chambres à gaz [1]. Il semblerait que l'humain ait une particularité dont les autres animaux sont dispensés : il est habité par de nombreux fantasmes, qui l'animent, l'effraient et lui compliquent grandement l'existence...

Voici donc pourquoi la sexualité masculine ne peut, finalement, se résumer à une verge en érection – ce qui en soi est déjà, parfois, assez délicat. Il convient d'y ajouter deux ingrédients majeurs et passionnants, qui mettent souvent les hommes dans l'embarras. D'abord, leur univers fantasmatique, dont nous n'avons toujours pas fini d'explorer l'infinie complexité. Et puis une ou un « autre » partenaire également doté(e) de son propre monde de fantasmes, qu'il s'agit de rencontrer pour pouvoir échanger avec elle ou lui. Et même, dans le meilleur des cas, pour pouvoir s'interpénétrer, corps et âme...

Pendant longtemps, la civilisation a permis aux hommes d'échapper à cette rencontre. Le plus souvent,

1. Didier Dumas, *La Sexualité masculine*, Paris, Hachette Littératures, coll. « Pluriel », 2007.

ils s'en sont sortis en occupant dans la réalité une place de domination et de soumission de l'autre, qui leur permettait de maîtriser à la fois la situation et leur précieuse descendance. Leur verge tenait le rôle principal, plus ou moins soutenue par des fantasmes dont ils ne savaient pas quoi faire à part, éventuellement, les mettre en scène. Et l'« autre » était relégué(e) au rôle d'objet désiré, parfois choyé, adoré, magnifié ; parfois méprisé, violenté, humilié, mais finalement toujours utilisé à l'assouvissement du désir masculin.

Quelques civilisations évoluées ont pourtant permis aux hommes et aux femmes d'accéder à autre chose, en acceptant d'envisager que, même s'ils ne sont pas forcément à égalité sociale, ils peuvent être à égalité dans l'échange sexuel : deux individus dont les désirs se rencontrent et se complètent sans que l'un(e) soit l'objet de l'autre...

Dans les cultures chinoise ou indienne, par exemple, des écrits érotiques très raffinés enseignent aux hommes et aux femmes comment s'interpénétrer non seulement physiquement, mais aussi par leur sensibilité et leurs émotions respectives. Ces textes démontrent avec vivacité et force détails que la sexualité peut être aussi – surtout – la confrontation explosive et merveilleuse de deux différences.

Reprenons l'exemple du tantrisme illustré par notre sympathique disciple. Bien plus que des exercices sexuels, le tantra se fonde sur la croissance et le développement de l'humain en suivant un cheminement plus proche qu'il n'y paraît de la psychanalyse. Les premières expériences visent en effet à contenir les douleurs liées à la séparation et à la différenciation, puis à acquérir une unité de genre masculin ou féminin en intégrant en soi la prise de conscience de la différence des sexes.

Le tantra pose la différence des sexes comme un des problèmes fondamentaux de la vie humaine : une personne ne peut accéder à sa globalité, être délivrée, qu'en annulant la différenciation sexuelle et en dissolvant son identité de genre dans une certaine forme de bisexualité psychique. Il s'agit de faire dans son propre corps l'expérience de la masculinité et de la féminité, de recréer une androgynie primordiale, de faire exulter le corps au travers de cette expérience du « deux en un [1] ». Non pas en une unité double au sens symbolique et religieux comme dans d'autres traditions, mais en un phénomène concret dans un but personnellement accessible : lorsque l'acte sexuel se déroule au niveau du corps tout entier, chaque pore de la peau peut devenir une vulve.

Cette philosophie pratique le culte de la Grande Déesse, accueille les femmes, et l'égalité entre les sexes se retrouve dans l'ensemble des rituels. Au gré des pra-

1. Sudhir Kakar, *Chamans, mystiques et médecins*, *op. cit.*

tiques, Shiva remplace Shakti, un dieu une déesse, un phallus une vulve. Il s'adresse cependant plus volontiers aux hommes et à leur physiologie. Il peut s'agir par exemple d'exercices physiques, comme percevoir les sensations « à l'intérieur » de son pénis lors du coït rituel.

L'adepte est surtout stimulé à intérioriser un aspect particulier du féminin, dans le but d'être partiellement transformé selon son modèle. Il peut ainsi expérimenter sa féminité à travers tous les membres féminins de sa famille, mère, sœurs, filles... Mais c'est le personnage de l'épouse qui est invité à collaborer pour se transformer en mère, sœur ou fille pendant les rapports sexuels rituels, comme pour dépasser l'angoisse liée aux fantasmes incestueux inconscients du petit enfant. L'adepte doit apprendre à connaître tous les aspects du féminin : « Ce qui dans la femme vous a donné naissance et qui vous a nourri, ce qui vous a nourri et risque pour finir de vous dévorer[1]. »

Il s'agit d'apprivoiser cette vision double et terrifiante de la femme, maman et putain, déesse et ogresse, bienfaisante et dévorante, cette « anima » à deux faces dont parlent les jungiens. Lorsque l'expérience originaire est trop conflictuelle et hostile, en découlent toutes les complications d'accès au masculin : trop ou trop peu, selon que la féminité intérieure va être désirée ou

1. *Ibid.*

combattue. Le paradoxe du principe tantrique est d'éviter que l'adepte ne soit emporté par un flot de féminité interne menaçant son identité sexuelle en l'amenant à contrôler activement cette intégration du féminin.

Je vois et j'entends dans mon cabinet que ce qui nous chahute en ce moment, ce qui plonge hommes et femmes dans la perplexité, ce qui fait si peur aux mâles, ce n'est pas tant la perte de repères ancestraux ou une abominable et menaçante « indifférenciation » des sexes qui châtreraient les hommes et transformeraient les femmes en ogresses indomptables, mais plutôt le cheminement un peu chaotique de notre société vers cette évolution-là, vers cette acquisition d'une intégration psychique non conflictuelle du masculin et du féminin. Après des siècles de toute-puissance des mâles dominateurs sur les femelles-objets, nous sommes en train de devenir, hommes et femmes, des sujets désirants, à égalité, au moins sur le terrain de la sexualité.

Il faudrait donc, pour commencer, que les hommes d'aujourd'hui apprennent, comprennent comment et sur quoi se construit leur désir, pour réaliser que perdre le pouvoir ne met pas obligatoirement leur sexualité en danger, et pour s'accorder enfin, de plus en plus, le droit d'en faire autre chose qu'un espace de puissance et de domination...

Fantasmes

Michael vient d'avoir dix-huit ans. Sa mère me l'a envoyé parce qu'elle est inquiète : elle a découvert que son fils consomme du cannabis de plus en plus régulièrement. Je me rends compte assez rapidement que cette histoire de cannabis n'est pas très inquiétante. Cependant, Michael semble être préoccupé par autre chose, dont il ne dit rien. Nous décidons ensemble de nous revoir plusieurs fois « pour parler », dit-il. Au fil des séances, je fais plus ample connaissance avec ce jeune homme sympathique et chaleureux. Il me raconte sa vie : un père artiste qu'il admire beaucoup, bien qu'il ne le voie pas très souvent ; ses parents se sont séparés quand il était très jeune. Cela ne semble pas beaucoup perturber Michael, qui entretient des relations cordiales et joyeuses avec ses demi-frères et sœurs, issus du remariage de son père, et une relation tendre et tranquille avec sa mère, qui l'a élevée seule et n'a jamais refait sa vie. Michael ressemble beaucoup aux copains de mes filles, et à ces bandes de jeunes que je croise régulièrement : des adolescents plutôt bien dans leur peau, à l'aise avec leur corps et avec la mixité, respectueux les uns des autres, tolérants, ouverts. On le sent élevé par des parents tranquilles et libéraux, avec lesquels il a tissé des liens à la fois solides et fluides. Depuis plusieurs années, Michael a une vie amoureuse et sexuelle qu'il décrit comme plutôt harmonieuse. D'ailleurs, depuis quelques mois, il est amoureux, vraiment amoureux !, d'une certaine Noémie avec qui tout marche comme sur des roulettes.

Il faudra un temps assez long avant que Michael arrive à me parler de ce qui le préoccupe vraiment. Ce jour-là, il a un peu de mal à trouver les mots et à croiser mon regard, parce que ce qu'il parvient enfin à m'avouer, comme une faute, le gêne horriblement. Quand il fait l'amour avec Noémie, tout se passe bien. Il décrit leurs échanges comme tendres et passionnés, curieux, égalitaires. Sauf qu'au moment de la pénétrer, il se passe de drôles de choses dans son cinéma intérieur. Il voit sa jolie Noémie seule dans le RER, attaquée par une bande de loubards barbares qui la violent selon le pire des scénarios. Michael raconte les images très crues et très détaillées qui lui viennent dans ce moment-là. Il sait qu'il a lu l'histoire de ce viol dans la rubrique des faits divers, il y a quelque temps. Et depuis, à chaque fois qu'il pénètre Noémie, il rejoue cette scène horrible jusqu'à ce qu'elle le fasse jouir.

Il ne comprend pas. Il n'est pas un violeur. Il est doux, il aime Noémie et il la respecte. Cette violence est absente de sa vie sexuelle, et totalement antinomique avec la manière dont il envisage sa vie. Il est horrifié de souiller leur histoire avec ces horreurs...

Il ne sait pas que cette représentation fantasmatique de viol en bande est d'une très grande banalité, et qu'elle traverse l'esprit d'un grand nombre d'hommes et de femmes ! Comme lui, ils y jouent tous les rôles, les uns après les autres, sans distinction de sexe : ils sont violeurs, violés, pénétrants, pénétrés, forcé(e)s, consentant(e)s, et oscillent entre douleur et jouissance. Cette scène de viol en bande est constituée de toutes les strates internes de la représentation sexuelle. Elle contient les milliers de détails, d'informations, d'expériences que Michael a amassés au fur et à mesure de sa construction psychique. Par exemple, on y retrouve à la fois sa mère jouissant d'un orgasme infini ; l'homme surpuissant qu'il a rêvé d'être pour se séparer d'elle, avec qui il vivait en tête à tête, et le don Juan qu'est son père à ses yeux, une atmosphère symbiotique et fusionnelle dans laquelle tous les protagonistes dessinent un monstre à plusieurs têtes... il s'agit surtout de vaincre la peur, la rage et l'impuissance qu'une femme trop sûre d'elle peut éveiller chez un homme.

L'histoire de Michael illustre parfaitement ce qu'est une construction fantasmatique : c'est une sorte de noyau sur lequel s'appuie l'architecture psychique d'un individu. Aussi violentes que soient ces images, elles n'entravent pas les rapports harmonieux qu'il tisse avec Noémie. Au contraire ! Une fois qu'il aura compris ça, et qu'elles ne lui feront plus peur, elles pourront favoriser une intimité plus grande : en s'imaginant « pénétré » par tous ces hommes, il s'autorise à être pénétré par les émotions, la sensibilité et les désirs de Noémie... C'est en jouant tous ces personnages, à son insu, qu'il peut pactiser avec ses angoisses d'enfance pour accéder à une sexualité adulte.

Si je parle si souvent du petit garçon plutôt que de l'homme, c'est parce que la sexualité adulte est en continuité directe avec la sexualité infantile. L'obstination avec laquelle les hommes rêvent qu'ils couchent avec leur mère est là pour en témoigner. On y retrouve une grande complexité, beaucoup d'énergie, de volonté de jouir, mais aussi beaucoup de narcissisme et d'angoisses... La sexualité va puiser ses racines directement dans la mémoire du corps, sans passer par l'intellect. C'est sur les sensations qu'a enregistrées le corps du nourrisson, sur la mémoire des corps à corps de ses premières semaines et le souvenir de la séparation, intimement lié à celui de la sexuation, que se bâtissent les fantasmes qui vont structurer toute la vie sexuelle d'un individu. C'est une réalité physique, corporelle, biologique, sur laquelle viennent se greffer, ensuite, images et interprétations sociales et culturelles.

Les fantasmes, comme les rêves, sont toutes les scènes imaginaires que nous mettons en place pour pouvoir nous approprier à la fois la séparation et la sexuation. Ils sont nécessaires et utiles ! Et si, pour la plupart d'entre eux, ils mettent en scène l'humiliation, c'est parce qu'ils se construisent à un moment où l'enfant est absolument dépendant, en tout. Se projeter des scènes où l'on occupe tous les rôles, humilié mais aussi humiliant, passif mais aussi actif, est une façon de s'approprier son propre destin, et de sortir de la dépendance. Une façon de conjurer peurs et démons, en devenant acteur au lieu de subir... Les fantasmes sont des images pour bander ; un scénario immuable, un carburant psychique [1]. On y retrouve toutes les problématiques qui agitent les petits garçons depuis leur naissance : la mère engloutisseuse qu'on veut à la fois ne jamais quitter et fuir à tout prix ; le pénis qu'il faut s'approprier et qu'il faut s'attacher à vie ; les hommes auxquels s'identifier pour savoir qui on est... Et, surtout, les grandes peurs et la grande violence qui en découlent !

Ces scènes-là, nous les rejouons constamment : viol, castration, inceste, pénétration, fusion, changement de sexe. Elles font toujours apparaître un autre qu'on essaie de s'approprier, si grande est la peur qu'il nous échappe.

La question qui agite Michael, c'est quoi faire de tout cela ? En parler ou pas à Noémie ? Tenter de s'en défaire, ou en jouer ? La brutalité virile et la passivité

1. Didier Dumas, *La Sexualité masculine*, *op. cit.*

masochiste de la femme peuvent être très présentes dans les fantasmes des uns et des autres sans avoir une incidence néfaste sur leur sexualité. Si tous les hommes sont agités par des images de viol, ils ne sont pas pour autant des violeurs ; pas plus que les femmes ne rêvent de se faire violer, même s'il leur arrive de le fantasmer. Michael ne se demande pas s'il devrait mettre en acte cette scène d'une grande violence ; d'autres le feraient. C'est la société, la civilisation, la loi qui disent ce qu'il est permis d'en faire, ou pas. Certains pays, pas si éloignés de chez nous, autorisent le viol, le rapt, l'humiliation des femmes...

Dans notre monde à nous, on autorise le récit et la mise en images réelles de ces scènes à travers la pornographie, un univers jusqu'ici complètement organisé par et pour les hommes. C'est en train de changer ! Même si elles choquent, quelques femmes commencent à s'arroger le droit de rejoindre les hommes aussi sur ce terrain-là... Qu'y voit-on, au bout du compte ? Un peu toujours la même chose : humiliation et assujettissement de l'autre, qu'on utilise comme objet de son propre désir. Les confidences de l'écrivain Catherine Millet, qui aime se faire pénétrer par quarante hommes dont elle ne voit même pas le visage – quarante pénis-objets, comme de passives machines à pénétrer –, ou les images très violentes du *Baise-moi* de Virginie Despentes ne racontent pas autre chose que les milliers de livres et de films produits par l'industrie pornographique. Il y est toujours question de scénarios où l'autre n'existe pas en tant que tel et devient un objet de désir.

À la pornographie joyeuse et paillarde des années 1970 succède de plus en plus une pornographie violente d'humiliation où les femmes sont battues, violées, de manière extrêmement sauvage. Dans un même temps se multiplient les images vidéo d'amateurs qui filment des viols et des tournantes... Cette exacerbation de la virilité dominatrice et humiliante, cette mise en acte de scènes archétypales normalement destinées à rester des fantasmes pourrait bien être l'expression d'une angoisse masculine de plus en plus vive : plus les hommes se sentent en position de danger dans leurs rapports avec les femmes, plus ils ont besoin de les humilier et de se les approprier...

Les fantasmes ne sont pas faits pour être réalisés, mais pour soutenir l'imaginaire et le désir. On voit bien que les mettre en acte est une perversion qui peut conduire jusqu'à la folie ou la barbarie. Ces fantasmes, *nos* fantasmes, intimes et personnels, sont là pour accompagner notre sexualité et trouver un écho chez l'autre, dont les fantasmes, *ses* fantasmes, accompagnent aussi la sexualité. Il n'est pas nécessaire de s'en parler ou de les mettre en acte pour qu'ils résonnent. Et c'est grâce à eux, même (surtout !) s'ils sont tus, que peut s'échafauder un échange sexuel et sensuel où chacun des partenaires s'accorde la liberté d'adopter des attitudes plus ou moins passives, plus ou moins actives...

On découvre de plus en plus qu'on ne peut différencier l'homme de la femme à partir de leurs besoins sexuels. Ils sont de plus en plus identiques et charrient les mêmes représentations. Ce sont les fonctions paternelles et maternelles qui introduisent des divergences. Et qui conduisent à ces incompatibilités de plus en plus grandes entre la conjugalité et la parentalité...

Guidé par son gourou, le jeune hindou a fini par le comprendre : pénétrer n'est pas seulement faire entrer sa verge dans un vagin, c'est aussi trouver une voie pour accéder à l'intériorité de l'autre. Accepter cette interpénétration des fantasmes sans se le dire, rendre possible la communion fantasmatique qui se produit à ce moment-là est ce qui permet très exactement d'être entièrement proche de l'autre et de mettre en mouvement le mécanisme de l'intimité.

Michael a toute une vie pour le découvrir et le comprendre : entre la représentation archétypale de la sexualité brute – une femme jambes écartées dents serrées qui accueille un homme qui jouit en trente secondes à l'intérieur d'elle – et les multiples propositions du Kama-Sutra, il existe une palette infinie de possibilités que l'homme et la femme s'approprient le masculin et le féminin, et reçoivent, émettent, relâchent, contractent, donnent et se donnent... Et c'est grâce à la puissance de leur univers fantasmatique que cette rencontre est possible.

Qui est qui ?

« J'ai fait un rêve un peu bizarre, et j'aimerais bien que vous m'aidiez à comprendre... » Laurent a quarante-trois ans. Marié, père d'un garçon et d'une fille adolescents, il s'est engagé il y a plusieurs mois déjà dans un travail de psychanalyse. C'est un homme dont on pourrait dire que la masculinité et la virilité ne font aucun doute, et ne lui ont jamais posé aucun problème majeur : après une enfance et une adolescence de petit garçon sans gros écueil, il est devenu un homme plutôt heureux, amoureux de sa femme qui le lui rend bien, à l'aise dans son corps et dans son rôle de père... Pourtant, cette nuit-là, il a fait un rêve très troublant qu'il a même un peu de difficulté à raconter. Dans ce rêve, il était une femme. Et pas n'importe quelle femme : sa femme. « Ma fille m'avait emprunté une très jolie robe, que j'aime beaucoup. Une robe en chantilly noire, assez transparente et très sexy. D'ailleurs, maintenant que j'y pense, elle ressemble presque exactement à celle que j'ai offerte à ma femme la semaine dernière : elle est ravissante, dedans... » Ce qui n'est pas le cas de sa fille, en proie aux débordements d'un corps adolescent qu'elle n'arrive pas encore très bien à maîtriser : ça fait partie des inquiétudes dont Laurent parle régulièrement, lors de son analyse. Il aime infiniment sa fille, mais il préférerait qu'elle soit un peu moins dodue, un peu mieux dans sa peau, un peu moins préoccupée par ses nombreux et assez inopérants régimes... Dans le rêve, elle est conforme à la réalité : boudinée dans la sublime robe de sa mère, qui ne lui va pas du tout. « Je la regarde et je suis triste et désolé qu'elle ne ressemble à rien dans cette robe, alors qu'à moi, elle me va si bien... Et là, je me réveille et je me sens dans un drôle d'état. »

Ce qui trouble Laurent, c'est qu'à aucun moment de son rêve il n'a éprouvé un doute sur ce qu'il était : une femme – sa femme – dont il a endossé le personnage avec un naturel qui le désarme à son réveil. Depuis, il s'est souvenu que, quand il était un petit garçon de huit ou neuf ans, il profitait des absences de sa mère pour s'engouffrer dans l'armoire où elle rangeait ses vêtements. Et qu'il essayait avec délice les robes et les vêtements qu'il aimait la voir porter...

Le rêve de Laurent est un très joli rêve. C'est une illustration très douce et tendre de la bisexualité psychique. L'instant où son inconscient met en scène ce qui a préfiguré à l'élaboration de son identité d'homme, sans remettre en cause, à aucun moment, sa virilité hétérosexuelle. De quoi est-il question exactement ? Tout simplement, des trois femmes qu'il aime, et qu'il porte en lui !

D'abord, il y a sa mère, dont il a jadis essayé les robes, comme le font beaucoup de petits garçons, à l'âge où ils se demandent avec insistance ce que c'est qu'une femme, ce qui les en éloigne et ce qui les en rapproche, et aussi ce qui, en elle, séduit tant leur père et les autres hommes. En essayant les vêtements de sa mère, Laurent s'est identifié à elle et à son père, pour mieux incorporer les traits de ces adultes tellement importants dans sa propre construction.

Ensuite, il y a sa femme, dans la peau de laquelle il se glisse avec un naturel qui le désarme. Comme s'il se glissait de nouveau dans les vêtements de sa mère. Inconsciemment, avec douceur, il transfère dans sa femme la partie de sa mère qui est en lui. La semaine d'avant, il l'a trouvée magnifique dans cette robe qu'il a fini par lui offrir, comme il trouvait sa mère magnifique dans les robes qu'il allait, dès que c'était possible, enfiler à son tour... Le rêve dit aussi que Laurent n'est pas effrayé à l'idée d'être sa femme, même s'il en est troublé au réveil ; sans doute est-il suffisamment tranquille avec sa propre part féminine pour que le fait d'être une femme ne déchaîne pas chez lui angoisse ou violence, et ne transforme pas le rêve en cauchemar...

Reste, enfin, sa fille chérie, avec qui il entretient, comme beaucoup de pères, une relation où paternel et maternel se mélangent. Le paternel, c'est le jeu de séduction qui les lie, qui lui donne envie, à lui, qu'elle soit sexy dans cette robe sexy. Le maternel, c'est cette vibration de tristesse qu'il ressent à la voir mal dans son corps et dans sa peau, et affublée d'une robe de femme qu'elle n'est pas (encore) capable d'endosser...

L'histoire de Laurent, qui se demande avec perplexité mais sans inquiétude comment il peut trouver naturel, même inconsciemment, d'être une femme, redit ce que révèle le gourou à son jeune élève : lorsqu'on est intime avec quelqu'un, on est capable d'être à la fois soi et l'autre sans perdre son identité. Lorsqu'on est un homme tranquille avec sa virilité, on est capable d'accueillir sans terreur la part féminine dont on est, aussi, constitué. Et de la retrouver avec délice chez les femmes qu'on aime ; et de s'en laisser pénétrer sans ambiguïté...

Pour Laurent, l'apprentissage de la masculinité a été beaucoup moins chaotique que pour Pierre, dont j'ai raconté la trajectoire au chapitre précédent. Tous les deux ont eu les mêmes questions à se poser, mais ce qui a coulé de source pour l'un a été un vrai parcours du combattant pour l'autre... Ainsi va la vie : chaque garçon et chaque fille ont à déterminer quel homme et quelle femme il ou elle deviendra. Et pour certains d'entre nous, c'est moins simple que pour d'autres...

Questions d'identité

Il y a, d'abord, la question de l'*identité sexuée* : suis-je un garçon, ou une fille ? C'est une question à laquelle l'entourage contribue beaucoup à répondre : dès la naissance – et, maintenant, dès le troisième mois de grossesse, si on le souhaite et lorsque l'échographie le permet – l'enfant est reconnu comme étant un garçon ou une fille. On lui choisit un prénom en conséquence, et c'est ainsi qu'il sera déclaré à l'état civil : comme un petit Laurent de sexe masculin. Et c'est ainsi, aussi, qu'il sera élevé, encouragé à développer des compétences et des comportements qui correspondent à son identité sexuée.

Nous avons vu qu'il convenait de distinguer l'identité anatomique (mâle ou femelle), la conduite ou le comportement (qui renvoie au genre, masculin ou féminin) et enfin l'orientation sexuelle (le choix du partenaire). Le genre imprègne certaines langues, plus que d'autres. Je me souviens d'un petit garçon américain fraîchement initié au français, qui se demandait pourquoi on disait « une » chaise et « un » tabouret, mais était surtout perplexe face à « une » vis et « un » clou, tous deux pourtant également évocateurs. Le genre s'affiche partout sous forme de pictogramme sur les portes de cabinet et divise puissamment le monde en deux.

Toutes les cultures mythifient cette scission fondamentale, une organisation primordiale du chaos, une section de l'univers en deux parties. Ainsi, pour les taoïstes, le Un engendre le Deux, le yin et le yang en constante mutation, qui en s'unissant donnent naissance aux dix mille choses. Le yin, c'est l'élément réceptif, féminin, maternel, sombre, doux, sec, intuitif, représenté par la terre. Le yang, c'est l'élément actif, créateur, fort, dur, masculin, paternel, humide, lumineux, froid, rationnel, représenté par le ciel. Le ciel est au-dessus et mouvant. La terre est au-dessous et au repos. Le yin contient le germe du yang ; le yang contient le germe du yin. La vie naturelle est le mélange harmonieux des deux. Mais avant de parvenir à cette harmonie, il faut choisir son camp !

Si le sexe est une catégorie anatomique, le genre est une construction sociale. Cette construction passe d'abord par une assignation (à partir du sexe anatomique, on donne un prénom), puis par une prescription : on attribue et on suggère à l'enfant des caractéristiques comportementales, émotionnelles, vestimentaires. Cette prescription précède largement l'identification à proprement parler. Ce sont des messages que l'adulte adresse à l'enfant et que l'enfant interprète et s'approprie. Cette appropriation permet de passer d'un genre assigné à un genre assumé.

Le psychanalyste américain Robert Stoller[1] parle ainsi d'un « noyau de l'identité de genre » *(core gender identity)* qui s'établit à la fin de la première année, et est immuable à partir de trois ans. Il s'agit d'une véritable croyance, qui consiste à se dire à soi-même « je suis un garçon » ou « je suis une fille ». Elle se produit avant la découverte par l'enfant de la différence anatomique des sexes : c'est le genre qui va organiser l'identité sexuée.

L'identité sexuée se déploie ensuite dans le jeu des identifications que je viens d'expliquer : l'enfant s'identifie aux parties masculines et féminines de son papa (ou de celui ou celle qui tient ce rôle), et aux parties masculines et féminines de sa maman (ou de celui ou celle qui tient ce rôle). Tout cela compte, sans exception, et contribue à l'équilibre final de l'adulte qu'il deviendra ! Et c'est grâce à ces parts masculines et féminines auxquels ils peuvent s'identifier que les garçons élevés par une mère seule, ou par un couple de femmes, ne sont pas plus féminins que ceux élevés par un homme et une femme !

C'est cette question qui a beaucoup agité Pierre, et l'a poussé un moment à imaginer sa vie sans sauce tomate, et donc du côté des filles, avant de pouvoir se

1. Robert Stoller, *Masculin ou féminin*, Paris, PUF, coll. « Le fil rouge », 1989.

reconnaître clairement comme étant un garçon. Et c'est cette question qui bouleverse totalement le destin des transsexuels qui développent la conviction absolue d'appartenir à un sexe qui n'est pas conforme à leur anatomie.

Je me souviens de Francis, petit homme râblé et moustachu, torse velu sous un blouson de cuir, venu me consulter il y a quelques années. Âgé d'une quarantaine d'années, il voulait enfin réaliser ce rêve qui lui tenait au corps depuis l'aube de son existence : se faire opérer pour devenir une femme... Il avait toujours promis à sa femme d'attendre d'avoir leur troisième enfant pour s'autoriser cet accomplissement. Le bébé venait de naître. Soutenu par elle, il ne songeait nullement à la quitter, encore moins à coucher avec des hommes : il se sentait hétérosexuel sans la moindre ambiguïté ! Que s'était-il passé dans sa construction psychique ? Certains de mes confrères trancheront : « convictions délirantes ». Je sais à quel point la réalité est plus complexe. Et qu'elle ne permet pas toujours de « trancher »...

De l'anatomie du sujet (homme ou femme) à sa position sexuelle psychique (masculine ou féminine), de l'objet désiré identifié comme « viril » ou « féminin » à l'anatomie du sujet désiré, toutes les combinatoires sont possibles, toutes les formes de l'hétérosexualité comme de l'homosexualité dessinent un paysage d'une troublante complexité. Pour mieux appréhender la dynamique identitaire mise en œuvre au cours de la trajectoire sociale, il faut distinguer « préférence sexuelle » et « identité sexuelle ». L'adolescent découvre plus ou moins lucidement, plus ou moins consciemment, plus ou moins brutalement les contours de sa préférence sexuelle, découverte qui relève autant d'un regard sur soi, sur ses rêveries, sur ses fantasmes que du regard des autres qui renvoient ou non l'image d'une différence. L'identité sexuelle est quant à elle de nature essentiellement sociale. À partir de la préférence sexuelle qu'il accepte de se reconnaître, comment un individu va-t-il négocier la définition de son identité sexuelle, c'est-à-dire la manière dont il tolère d'être identifié par le corps social ? À cet égard, les simples termes de « souhait », « choix » ou « décision » méritent largement d'être nuancés.

La question de l'orientation sexuelle est très joliment décrite par Freud comme une « inclinaison » pour un sexe ou pour un autre : *Einstellung des Gefühls*[1] (littéralement, un « ajustement des sentiments », disons, une manière de ressentir...).

1. Sigmund Freud, *Un souvenir d'enfance de Léonard de Vinci* (1910), *Œuvres complètes*, tome X, Paris, PUF, 1993.

L'orientation sexuelle, c'est là où porte le désir : vers les hommes, vers les femmes, ou vers les deux. Ça n'est pas qu'une question de sexualité, d'envie de pénis ou de vagin, loin s'en faut. Freud avait raison : je crois qu'il s'agit avant tout d'une inclinaison psychique, amoureuse, vers les personnes d'un sexe plutôt que d'un autre. Je pense par exemple à une de mes patientes, lesbienne depuis toujours, amoureuse de sa compagne, qui me confie qu'elle n'arrive plus à la désirer sexuellement. Tout en elle « l'incline » vers les femmes : son identité sexuée est féminine, et son identité sexuelle est homosexuelle. Néanmoins, en explorant son inconscient, elle découvre que toute sa fantasmatique est hétérosexuelle, ce qui perturbe gravement son intimité avec la femme qu'elle aime. C'est ce qui peut rendre, parfois, les choses si compliquées : le rapport entre l'univers fantasmatique et l'identité sexuelle, puis avec l'autre qui a aussi son propre univers et sa propre identité, n'est pas toujours, pour tout le monde, d'une grande continuité logique... Mais ces trajectoires personnelles un peu – ou très – marginales nous aident souvent à éclairer la norme, et à comprendre les choses en détail, dans toute leur subtilité...

Drôles de genres

Une fois « acquises » les réponses aux questions des identités sexuées et sexuelles, reste encore à aborder l'autre aspect du *genre* que Robert Stoller nomme le *gender role identity*, le « rôle d'identité de genre », qui s'apparente davantage aux rôles sociaux. Un peu de la même manière qu'on mélange la bisexualité agie (dont je parlerai un peu plus loin) et la bisexualité psychique, ou les bimbeloteries pornographiques avec l'univers fantasmatique mis au jour et décrit par la psychanalyse, on confond souvent le genre, les comportements sexués prescrits par une société et une culture, avec l'écume visible des tourments qu'il peut susciter.

Le genre, c'est ce qui permet, dans une société, de reconnaître les caractères sexués des garçons et des filles ; de définir et de départager ce qui est masculin de ce qui est féminin. Jouer à la poupée, porter une robe rose, se maquiller et mettre des rubans dans ses cheveux, c'est *a priori*, pour une Occidentale, appartenir au genre féminin ; on pourrait y opposer jouer aux petites voitures, porter des pantalons bleus, se laver le visage à l'eau et au savon et avoir les cheveux courts, qui serait le genre masculin. Mais on voit, déjà, que ça n'est plus très juste ! Au temps de Louis XIV, maquillage, satin rose et rubans dans les cheveux étaient des apanages parfaitement virils ! Et les guerriers Nubas, maquillés et couverts de bijoux et de parures, prenant des poses alanguies devant l'objectif de Leni Riefenstahl, sont, aux yeux de leur peuple, des parangons de masculinité ! Au fil de leur évolution, toutes les sociétés délimitent ce qui revient au genre masculin et ce qui revient au genre féminin. Cela va du plus caricatural au plus subtil, des objets au comportement, en passant par les métiers, les attributions ou les codes vestimentaires. Et cela change, parfois très vite !

Lorsque George Sand ou Colette enfilaient des pantalons et allumaient un cigarillo, elles transgressaient un code de genre très net de leur époque, en s'appropriant des objets et des comportements absolument masculins. Qui continuerait, aujourd'hui, à revendiquer les pantalons et les cigarillos comme masculins ? Lorsque Jean-Paul Gaultier ou Kenzo font défiler des hommes en jupe, sur les podiums de haute couture, dans les années 1980, les coulisses bruissent, mais ne s'offusquent pas ; pas plus qu'un Écossais ne songerait à trouver féminin un homme arborant son kilt. Et lorsque David Beckham se fait photographier épilé, maquillé, cheveux longs et couvert de bijoux, avant d'aller affronter, le lendemain, une équipe de football dans un tournoi viril et sans équivoque, personne ne pense à mettre en doute sa masculinité...

Même si, au départ, le genre a quelque chose à voir avec l'identité sexuée (je me comporte comme un garçon parce que je suis un garçon) et avec l'identité sexuelle (je me comporte comme un hétéro parce que je suis un hétéro, ou comme un homo parce que je suis un homo), c'est finalement, dans notre société où chacun est très préoccupé de sa propre image, de plus en plus un rôle qu'on adopte à partir de tout un réseau d'identifications, de choix conscients et inconscients. Notre époque est au travestissement ! Pendant des siècles, nous n'avions pas le choix du genre, ni de l'habit qui l'accompagne : ces choses-là étaient édictées par la naissance (la nature, disaient déjà certains) : les filles en filles, les garçons en garçons ; mais aussi les riches en riches et les pauvres en pauvres ; les étrangers en étrangers ; les curés en soutane ; les ouvriers au travail et les bourgeois aux affaires, etc. Aujourd'hui, presque tout est au choix. Et – c'est assez nouveau – tout le monde est sommé de se représenter soi-même, et donc de se présenter aux autres, comme un objet de désir. La société de consommation et la mode se sont emparées de cette écume-là et baladent les hommes de « métrosexuels » en « übersexuels ». Rasés, pas rasés, épilés, pas épilés, bronzés, pas bronzés, hydratés, pas hydratés ? C'est une sorte de jeu du « je », un épiphénomène qui effraie et fait hurler les naturalistes (un « vrai homme » ne peut pas avoir peur de ses poils, puisque l'homme est poilu par nature !) et qui remplit les tiroirs-caisses.

Alors, le genre n'est plus seulement la marque d'une appartenance à un sexe ou à l'autre. Il peut devenir aussi, surtout, un jeu inconstant, ou la marque souvent passagère d'une appartenance à un groupe dans lequel on se reconnaît, qui revendique une identité dont la sexualité n'est pas centrale, sans en être absente. Dans « métrosexuels », il y a le « métro » de métropole, et un « sexuels » qui, finalement, ne semble pas avoir une si grande importance, à part, peut-être, pour les journaux qui savent très bien que certains mots, posés sur une couverture, donnent envie d'ouvrir pour lire...

Si la question du genre a énormément gagné en fluidité ces dernières décennies, c'est en grande partie grâce à la communauté homosexuelle. En devenant visibles – et aussi pour devenir visibles –, les homos ont fait du genre et du travestissement un vaste et très « gai » terrain de jeu. Ils y mettent en scène avec ironie et légèreté ce qui les a tant malmenés à un moment de leur vie, individuelle et collective. À force de maîtriser le travestissement masculin, la communauté gay a même réussi à expliquer aux hétéros à quoi doit ressembler un homme un vrai : rasé, tatoué, body-buildé, la peau soignée...

Depuis quelques années, c'est, finalement, en copiant les codes de genre établis par les homos que les hommes développent leur mâle apparence ! Amusant, non ? On comprend mieux que certains tenants de l'ordre – une société ordonnée est une société où on ne joue pas avec ces questions délicates de genres – y voient un danger, et décrivent sur un ton apocalyptique la manière dont les homosexuels ont organisé leur « mainmise » sur le monde de la mode et de l'apparence, dans le but de transformer tous les hommes, les vrais, en créatures désexuées et dégénérées...

Le genre n'est pas l'identité, sexuelle ou sexuée ! Le genre n'est qu'une enveloppe, un travestissement que la révolution de Mai 68 a largement contribué à libérer, qui permet à chacun d'être plus libre d'inventer qui il est vraiment. Il ne devient menaçant que lorsqu'il se rigidifie à nouveau, soit dans un grand retour en arrière, comme le réclament certains, soit dans des injonctions de « paraître » tellement puissantes qu'elles ne laissent plus à l'individu qui les subit la possibilité d'« être », aussi...

À l'intérieur de la communauté homosexuelle s'est développé depuis quelques années le mouvement « queer », « transgenre », qui revendique « la liberté d'être soi-même sans contrainte sociale de genre ; une sorte de troisième sexe... ». S'y rejoignent les « trans » (transsexuels opérés ou en attente de l'être), mais aussi les « folles » (hommes homosexuels d'apparence hyper-féminine), les *butch* (femmes homosexuelles d'apparence hyper-masculine), les *drag-queens* (hommes travestis en femmes-égéries). Pour la philosophe américaine Judith Butler, théoricienne explosive du mouvement, tout être est parfaitement bisexuel, et se voit obligé de renoncer à une partie de sa sexualité par conformisme social. Le genre, dans lequel se confondent à ses yeux identités sexuée et sexuelle, devrait n'être plus figé dans un sexe ou un comportement social codifié, mais devenir un choix volontaire et quotidien, que chacun pourrait s'approprier et afficher en toute liberté. Nous serions donc, chacun, totalement indéfinis, et libres de choisir quelle « créature » devenir, à chaque jour, à chaque heure de notre vie...

La *queer theory* vise notamment à dégénitaliser le plaisir, à sortir de la dépendance aux organes génitaux dans une quête qui vise à dissoudre l'identité dans des pratiques collectives où la personnalité, voire le visage sont abolis et où seuls les corps ont droit de cité[1]. Le célèbre film de Stanley Kubrick, *Eyes Wide Shut*, livre la scène d'une foule d'individus masqués s'autorisant tous leurs fantasmes. Il s'agit là d'opposer le désir, qui fait

1. Christophe Dejours, « L'infini des sexes : fiction ou défis ? », dans Jacques André (dir.), *Les Sexes indifférents*, Paris, PUF, 2005.

intervenir la globalité du sujet, au plaisir, qui le rend sans passé et sans avenir dans une pure quête du présent ; l'intensité du plaisir serait liée à cette dissolution du sujet, à cette « désubjectivation ». Tout le corps est alors érotisé, ce que Michel Foucauld nommait « désexualisation du plaisir »...

Comme c'est souvent le cas, si on accepte d'y jeter un œil sans terreur, les marges éclairent d'un jour un peu différent les questions que se pose le plus grand nombre. En bousculant les genres établis, homosexuels et « transgenres » montrent, parfois très crûment, que la masculinité, avec tous ses codes, qui semble si « naturelle », ne s'arrête pas aux apparences, et est parfois bien plus complexe qu'ils ne le prétendent... C'est sans doute pour cela que des hommes bien établis dans leur vie hétérosexuelle éprouvent parfois le besoin d'aller à leur contact, pour interroger, encore et encore, cette question de leur masculinité...

Sera masculin un individu qui a un sexe masculin, qui se sent du genre masculin, qui est reconnu par les autres comme masculin et assigné à une place d'homme. Mais aussi qui a des fantasmes et des comportements majoritairement masculins (féminins avec une moindre intensité), et qui est reconnu dans l'imaginaire collectif et symbolique comme homme, ce qui ne l'empêche pas d'avoir des qualités reconnues comme féminines, voire d'occuper un rôle socialement marqué par la féminité. Un homme peut aussi, selon le mot de Julia Kristeva sur Aragon, être « lesbien », « kleptomane de la volupté féminine »...

Tous les degrés de malaise, de « mélancolie » sont possibles en cas de distorsion de proportions entre ces différents registres, mais il est clair que tout le monde est concerné dans la jungle des fantasmes où le masculin et le féminin, l'actif et le passif, le dominant et le dominé se renvoient la balle avec une inépuisable créativité.

Pour les raisons que j'ai développées précédemment, il est beaucoup plus compliqué pour un petit garçon d'abandonner son féminin que pour une petite fille d'abandonner son masculin. C'est la raison pour laquelle, chez les hommes bien plus que chez les femmes, ces questions d'identité sexuelle et de genre restent souvent vives, actives, et par moments conflictuelles. L'environnement y est pour beaucoup. On voit bien comment les cultures océaniennes, par exemple, pacifient les hommes dans leur féminité. Ce qui ne les empêche pas, comme tous les autres hommes de toutes les autres cultures, de se sentir en grand danger dès qu'il est question d'homosexualité ; ou, plutôt, d'« enculé »...

En sortant des codes établis depuis des millénaires, la question du masculin devient donc plus complexe et plus opaque. L'identité masculine peut apparaître davantage en creux, en négatif. Les critères traditionnels comme le courage, le succès, l'endurance, l'indépendance, la domination sont devenus de moins en moins spécifiques ; la galanterie et l'esprit chevaleresque sont rangés du côté du machisme. Cela peut conduire un certain nombre d'hommes dans l'évitement du désir : ne pas être féminin, ne pas être homo, ne pas être soumis ou dépendant, ne pas être efféminé, ne pas être impuissant, ne pas être trop intime avec d'autres hommes, c'est tout d'un coup si compliqué !

L'homme contemporain cumule ainsi deux interdictions : celle, traditionnelle, de montrer sa féminité et celle, récente, d'exprimer une virilité contestée : « S'il est difficile d'être une femme... il est impossible d'être un homme [1] », nous dit Ferdinando Camon dans *La Maladie humaine*. S'agit-il pour les hommes de s'amputer de leur virilité ou de leur féminité ? De voguer éternellement entre homophobie et misogynie ? Bien des hommes « ni ni », dépourvus de vitalité et de joie de vivre, se retrouvent à la traîne des femmes en quête d'épanouissement personnel, de satisfaction de l'ego, de succès, se méfiant des liens de dépendance, quitte à sacrifier une relation conjugale si elle les empêche de se réali-

1. Ferdinando Camon, *La Maladie humaine*, Paris, Gallimard, coll. « Folio », 1987.

ser. Les femmes n'entendent plus se conformer à ce que les hommes attendent d'elles mais sont à l'écoute de leurs besoins, dans une vitalité féminine qui s'oppose à des hommes aigris, contestés, se réfugiant dans la fuite, le désespoir ou le mutisme rageur.

L'adolescence

Ce sont toutes ces questions qu'affronte un jeune garçon qui devient adolescent. En quittant son enfance, il doit se séparer de l'enfant qu'il est, et de ses parents dont il est temps de se dégager. Il doit aussi s'approprier un corps qui change à vue d'œil et encaisser le choc de la puissante poussée hormonale qui produit ces changements. Et enfin, il doit se lancer à la rencontre de l'autre, si différent de lui, et faire l'apprentissage de la sexualité adulte, notamment en se confrontant de façon très concrète à ces questions d'identité sexuelle et de genre. On comprend qu'un programme aussi chargé puisse produire quelques moments un peu difficiles !

On comprend, surtout, d'où viennent les pulsions de mort et le goût du risque si fréquents chez les adolescents : ils sont en plein deuil de leur enfance et de leurs parents, assaillis à la fois par des fantasmes de mort et par leur propre fantasmatique sexuelle, qu'ils découvrent, comme Michael, parfois avec terreur. Si l'on ajoute à ça, pour les garçons, un afflux massif de testostérone, dont on a vu le pouvoir agressif, il est logique qu'on les retrouve roulant à contresens sur l'autoroute, sautant du haut des ponts, faisant des courses de vitesse sur le périphérique ; mais aussi rasés ou hirsutes, tatoués ou « piercés », surmusclés ou au contraire totalement désincarnés, soûls ou défoncés, recordmen de tout et de n'importe quoi, casseurs, athlètes acharnés, agresseurs, suicidaires...

Face à cette déferlante de questions et de difficultés, le premier réflexe d'un adolescent de sexe mâle est de se regrouper avec d'autres « comme lui », pour faire ensemble toutes ces choses étranges qu'il a besoin de faire. L'importance des bandes est capitale durant cette période. Elles permettent de temporiser, d'affronter ensemble une adversité très impressionnante, et de se conforter dans son identité sexuée. Elles constituent une séparation – un rempart, parfois – d'avec ce qui inquiète ou encombre : le monde des adultes, les institutions, les parents, la famille. Ces bandes sont comme un ventre qui aide à se détacher du maternel, un corps constituant, un espace transitionnel qui permet le passage, un lieu d'exacerbation des valeurs viriles, souvent du reste pour les filles comme pour les garçons, celles-ci se trouvant souvent « masculinisées » par les valeurs collectives du groupe. « Ne pas être ma mère, ne plus être un bébé » sont les préoccupations de tous, mais les garçons ont à y ajouter : « ne pas être une fille », triptyque qui fonde encore davantage la protestation virile.

Les bandes d'aujourd'hui sont toutefois de plus en plus gagnées par la mixité, et la sexualité y est davantage présente, même si les rapports amoureux mettent en danger sa cohésion. Plus la séparation des sexes y est de règle, plus la fantasmagorie guerrière y est présente. L'amitié virile exerce une fonction maternante, il suffit de voir comment tous ces garçons savent se consoler les uns les autres. Toute une fantasmatique de défense de son propre corps contre une pénétration par un adversaire invisible se met en place, terreur de se faire pénétrer, terreur de régresser à une position féminine passive, fixation sur l'anus, lieu magique de la pénétrabilité du corps : « serre les fesses », mais surtout « ne chie pas dans ton froc » ! Ainsi, une sorte d'armure invisible protège tous les orifices [1].

Pour les jeunes hommes, il s'agit de se préparer à affronter l'épreuve redoutable qui les attend : la rencontre sexuelle avec une femme, et toutes les appréhensions qu'elle suscite. En seront-ils capables ? Que voudra-t-elle ? Comment « y » arriver ? Leur pénis va-t-il fonctionner ? Vont-ils assumer cette énorme responsabilité de bander et de savoir quoi faire de cette érection ? Vont-ils « assurer », comme des hommes ?

---

1. Didier Dumas, *La Sexualité masculine*, *op. cit.*

Et puis il y a cette question à la fois inconsciente et lancinante : quoi faire de cet embarrassant féminin qui les constitue, aussi ?

Dans les sociétés organisées sur la séparation des sexes, la réponse coule de source : les bandes d'adolescents se construisent sur le mépris de ce féminin, en exacerbant les valeurs viriles de la puissance masculine. On se muscle, on se bat, on attaque la bande d'en face, on s'affronte dans des tournois sans fin où il n'y a jamais de vainqueur définitif, puisqu'il faut sans cesse réaffirmer sa toute-puissance et sa supériorité...

En ce qui concerne l'« autre sexe », réputé faible, on retrouve l'ordre « naturel » des choses : les mères (auxquelles peuvent s'ajouter les sœurs) qu'on respecte, et les putains qu'on domine et qu'on humilie. Au mieux, on se moque, on consomme, on « fait tourner », au pire, on agresse, on terrorise, et parfois on viole, on tue, on brûle ce féminin si dangereux qu'il faut soumettre avant qu'il ne vous engloutisse... Au redoutable pouvoir féminin sur l'érection, le garçon ne peut qu'opposer sa puissance phallique où il se représente comme un guerrier. Qu'il s'en prenne à la pute, au débile ou au pédé, c'est avec les représentations féminines qu'il a du fil à retordre. En bande, la sexualité phallique s'oppose à la puissance de la sorcière. On a vu à quel point ce « machisme » se retrouve dans les partis politiques, même les plus évolués !

C'est sur cette base que s'est organisée, pendant des siècles, la domination des hommes. L'adolescence et ses rites de passages, des meilleurs aux pires – communion solennelle, bar-mitsva, service militaire, camps de scouts, bizutages en tous genres –, transformait l'enfant-passif-objet en homme-actif-sujet, en exacerbant les inter-identifications masculines. C'est le moment où hommes et femmes se séparent : le moment où le petit garçon du Maghreb est définitivement privé des délices du hammam des femmes et du gynécée ; où les jeunes Africains passent de la maison des femmes à la maison des hommes ; où les garçons Baruyas de Nouvelle-Guinée n'ont plus aucun contact avec l'impureté féminine.

La différenciation des sexes, en séparant les unes des autres, chauffe à blanc les peurs et les angoisses des garçons. Et c'est dans ce climat tout à fait inapproprié qu'ils ont à affronter une autre question qui les met elle aussi en grand danger : la peur, le dégoût, le rejet de l'homosexualité...

Des tapettes et des gonzesses

Les garçons adolescents dépensent énormément d'énergie à s'approprier et à affirmer leur masculinité, afin de la transformer en virilité. Pour ce faire, ils ont impérativement besoin, dans un premier temps, de se tenir à l'écart de tout ce qui pourrait avoir trait, de près ou de loin, à la féminité. Celle des filles, bien sûr, qui représentent l'adversaire prêt à leur mettre le grappin dessus pour mieux les engloutir. Mais aussi la leur, cette fameuse part féminine de la bisexualité psychique, encore plus sournoise et dangereuse que les filles, puisqu'on ne la voit pas arriver de loin, avec ses talons, ses copines et son maquillage.

Ça ne leur ferait sans doute pas plaisir de le lire, mais les bandes de garçons adolescents, qui passent leur temps à comparer la taille de leur sexe, à se défier dans des corps à corps violents et très physiques, à se mater dans les vestiaires des stades, et même à s'échanger leurs petites copines, sont fondamentalement homosexuelles. Et, hélas ! également parfaitement homophobes. C'est assez logique : on méprise, déteste, écrase, ce dont on a peur...

Dans certaines cultures, l'homosexualité adolescente est considérée comme un passage vers l'hétérosexualité adulte : pour que la sexualité ne soit pas récupérée par les femmes – ce qui mettrait les hommes en grand danger –, ce sont les hommes qui en transmettent les bases aux jeunes hommes. On peut prendre l'exemple de la Grèce antique, ou de certaines traditions d'Afrique du Nord. Mais j'aime à raconter le rituel très codifié des fameux Baruyas de Nouvelle-Guinée, particulièrement étudiés par Maurice Godelier [1], qui ont

1. Maurice Godelier, *Les Métamorphoses de la parenté*, Paris, Fayard, 2004.

sophistiqué à l'extrême – et presque jusqu'à l'absurde – la différenciation des sexes.

Quand il atteint la puberté, le jeune Baruya est arraché à la maison des femmes, toutes impures, pour rejoindre celle des hommes. Là commence son initiation, dont la première étape est de se remplir de puissance masculine... en avalant consciencieusement le sperme qu'il se sera procuré auprès de ses jeunes aînés, au moyen de fellations fréquentes et appliquées. La consommation régulière de sperme l'ayant fait grandir, c'est à son tour de fournir aux plus jeunes la précieuse substance, ce qui lui permet d'étudier avec attention le fonctionnement de son propre pénis. Alors, il est prêt à devenir un homme, et suffisamment armé pour aller au contact des femmes sans se laisser gagner par leur impureté... Voilà comment, ce qui chez nous passerait pour des pratiques homosexuelles est pour les Baruyas le passage obligé vers la virilité...

Notons quand même que seul les plus jeunes – ceux qui sont encore des enfants-passifs-objets – sont pénétrés. Dès qu'on est un homme, on pénètre. Pour sortir de la passivité, humiliante et méprisable... Je l'ai déjà dit, il me semble important de le répéter : pas une société ne fait exception à cette règle-là.

On connaît le sort dramatique réservé par les bandes aux adolescents homosexuels. Au mieux, ils sont exclus sous les insultes et les invectives. Au pire, ils sont molestés, brimés, sadisés, violés. Car c'est une des cruautés absurdes de l'homophobie : un enculeur n'est jamais humilié... Il suffit de jeter un œil à l'océan de courrier ordurier que Noël Mamère, maire de Bègles, a reçu lorsqu'il a eu l'impudence de célébrer dans sa commune le premier (et dernier, pour le moment !) mariage gay de France : 90 % des lettres ne parlent que de ça ! De la manière dont ces hommes virils et valeureux (mais néanmoins soucieux de leur anonymat) vont venir, de façon virtuelle ou réelle, planter leur pénis dans l'anus du traître.

On imagine dans quel tourment, dans quel danger, se retrouve un adolescent homosexuel. Ou même un adolescent qui s'interroge sur sa sexualité. En effet, il est bon de le redire, il existe en la matière une palette très vaste de « détermination » : entre un Laurent, pour qui son hétérosexualité n'a jamais fait aucun doute, et un Tristan, dont je raconterai l'histoire dans quelques pages, qui a « toujours su » que c'est vers les garçons qu'il penchait, toutes les combinaisons sont possibles. De Michael, qui a sans doute « essayé une fois pour voir », à Pierre, qui a pensé longtemps préférer les hommes avant de comprendre que non, en passant par Emmanuel, qui rêve de pouvoir vivre à égalité sa bisexualité...

Cela signifie qu'une majorité de jeunes hommes, au moment de leur adolescence, se sont posé la question. Certains sont passés à l'acte, souvent dans le secret, pour trouver la réponse ; d'autres ont réprimé ces envies dans la honte et la peur. Certains ont connu, de près ou de loin, cette blessure très douloureuse d'homophobie intériorisée ; ce dégoût profond d'une partie d'eux-mêmes, que la société, la culture et la bande leur interdisent d'exprimer, comme une sorte de honte sociale, sous peine d'expulsion violente du groupe des hommes.

Cette homophobie refoulée, intériorisée, en plus d'être la cause de nombreuses dépressions et comportements suicidaires chez les jeunes hommes qui ont à l'affronter, a produit, dans notre histoire, d'étranges avatars... Où l'on voit des stades entiers d'hommes en uniforme se pâmer devant les corps parfaits des athlètes nazis (ces mêmes nazis qui affublaient d'un triangle rose les homosexuels pris sur le fait, avant de les envoyer brûler en enfer...). Où l'on voit des jeunes élus de droite, homosexuels cachés, défiler contre le Pacs et contre eux-mêmes sous une banderole revendiquant : « Les PD au bûcher ». Où l'on voit des virils joueurs de rugby, l'alcool aidant, finir leurs troisièmes mi-temps entre hommes, dans les bras les uns des autres, bouches à bouches, sans que personne y trouve à redire, ni surtout imagine en reparler le lendemain matin. Où l'on voit, encore, ces bandes d'hommes se transformer en meute, sous l'effet de l'excitation, et exprimer enfin ces pulsions refoulées dans des corps à corps explosifs et parfois meurtriers, des « échanges » où l'on se touche par femmes interposées, des tournantes barbares où tous les pénis communient dans une même femme-objet...

L'homosexualité engage tous les rapports sociaux des hommes entre eux. Freud disait qu'elle commence quand un homme préfère aller boire une bière avec ses copains plutôt que de rentrer chez lui retrouver sa femme ! Par cette boutade provocatrice, il pointait le fait qu'il ne s'agit pas tant de pratiques sexuelles que du lien sexué entre les hommes, et de la manière dont ce lien se structure autour de la virilité. Dans l'homophobie, ce dont il est vraiment question, une fois encore, c'est de la peur et du mépris, du féminin, quel qu'il soit...

C'est en tombant amoureux que le garçon va pouvoir renouer avec sa féminité d'enfant sans que cela lui semble dangereux. D'abord parce que l'état amoureux le remet dans un état de dépendance, qu'il peut enfin accepter. Et c'est en s'appuyant sur sa bisexualité fondatrice qu'il va pouvoir développer une capacité d'empathie avec cette fille en face de lui, et être capable de la comprendre, de la rejoindre, d'entrer en résonance émotionnelle avec elle. Pour, finalement, projeter sur elle cette partie manquante de lui-même : sa propre féminité, que sa construction de mâle lui a fait mettre de côté. Chez cette fille qu'il aime, il retrouve la partie de lui-même dont il a usé, petit, pour séduire son père. À condition que ce père n'ait pas saccagé chez son fils cette si précieuse part féminine...

La bonne nouvelle, c'est que les temps changent enfin ! Aujourd'hui, à côté des dernières hordes sauvages de petits mecs gonflés à la testostérone et à la haine de tout ce qui est féminin, il existe de plus en plus de bandes d'adolescents de plus en plus mixtes : des groupes où, très vite, une fois passé les premiers mois un peu « imperméables » de la préadolescence, se mélangent garçons et filles, hétéros et homos, toutes races confondues... Cette mixité sereine rend possible à chacun l'intégration tranquille de sa bisexualité psychique. Et permet aux jeunes garçons de se construire non plus sur l'angoisse – ils sont de plus en plus nombreux à passer à l'acte homosexuel, une fois ou deux, sans véritable honte ni inquiétude – et contre le féminin, mais avec lui, sur la curiosité de soi et de l'autre, quel qu'il soit, et la complémentarité qu'il peut apporter. Et l'on voit ces jeunes adultes évoluer dans cette fluidité entre leur masculin et leur féminin, « nouveaux hommes » et plus tard « nouveaux pères » tranquilles, qui ont même parfois un peu du mal à comprendre pourquoi leurs aînés se « prennent la tête » avec toutes ces questions si simples d'identités et de genres. Tant mieux ! C'est le début d'une nouvelle ère. Et même si elle effraie les hommes enchaînés à leurs peurs et à leur sacro-sainte domination, elle ne peut que réjouir tous les autres pour les horizons qu'elle ouvre et les perspectives qu'elle propose !

Les uns avec les uns

L'homosexualité est traversée par tous ces questionnements identitaires et de genre que je viens de décrire. Contrairement à ce qu'en disent les théories homophobes, cela n'est pas une question sexuelle, mais une affaire de sentiments et d'identification. Avant de désirer pénétrer ou être pénétré par un homme, les homosexuels veulent être aimés et aimer un homme. La question de la sexualité, et toutes les représentations qui peuvent y être liées, viennent se greffer sur cette réalité-là.

C'est une histoire de sentiments, puisqu'ils sont le point de départ à la sexualité, quelle qu'elle soit... Cela commence quand Jules, à quatre ans, rentre de l'école en disant « Je suis amoureux de Lola » ou « Je vais me marier avec Hugo ». Ce qui le préoccupe, à ce moment-là, ce n'est pas l'investigation sexuelle à proprement parler. Non. Ce qui l'intéresse, c'est de se pencher sur Lola ou sur Hugo, de s'en approcher, de l'aimer. C'est son environnement qui va lui expliquer qu'il peut aimer Lola et Hugo, mais que c'est avec elle qu'il pourra se marier, et pas avec lui. Au fil du temps, Jules va accumuler des signes et des informations de plus en plus précis et détaillés, qui proviennent de ses parents, de son environnement et de l'intérieur de lui-même et qui créent des chemins, des directions et des inclinaisons...

Petit à petit, Jules va prendre conscience qu'il a penché vers Hugo, puis vers Victor, puis vers Antoine. Même s'il ne comprend pas très bien ce que cela signifie, il voit bien que c'est vers « là » que « ça » va... Surtout que, à l'approche de l'adolescence, « ça » commence à s'accompagner de toute une fantasmatique de plus en plus précise autour de la sexualité. Finalement, pendant que ses copains s'identifient au désir de leur père pour leur mère, et des hommes pour les femmes, Jules, lui, va s'identifier au désir de sa mère pour son père, et des femmes pour les hommes. C'est cela qu'il s'approprie, et c'est sur cette structure qu'il se construit. Ainsi se déterminent les choses, plus ou moins vite et plus ou moins douloureusement...

Comme ses copains hétéro, Jules va devoir apprendre la vie et la sexualité. Mais, à la différence d'eux, il va être confronté à deux épreuves majeures. D'abord, il va devoir assumer socialement sa différence. Même si l'homosexualité est de moins en moins une tragédie ; même si elle n'est plus cachée, au point que des hommes politiques peuvent l'afficher et que plus un feuilleton télé n'existe sans « son » gay, Jules reste confronté à deux groupes sociaux au sein desquels sa différence est difficile à révéler : sa famille et sa bande...

C'est là qu'on retrouve, dans un premier temps, l'homophobie intériorisée. C'est avec elle, et tous les démons qu'elle agite, dont le dégoût de soi, que Jules va devoir lutter jusqu'à trouver le courage de faire son *coming out*. Qui, heureusement pour lui, a de plus en plus de chances de bien se passer. Ce qui n'enlève rien aux tourments et aux angoisses que Jules va devoir affronter pour parvenir jusqu'à cette « délivrance ». Pendant que ses copains hétéro vont dépenser leur énergie adolescente à se construire, globalement, Jules va mettre toute son énergie à se préserver et à se coltiner avec cette identité sexuelle différente et dérangeante...

La seconde épreuve à laquelle Jules va être confronté, à l'orée de sa vie d'adulte, sera la découverte de l'univers vers lequel ses chemins vont le mener... Il va apprendre que pour être gay, il doit être en forme. Sexy. Musclé. Bronzé. Il va apprendre à sourire, mais pas trop. À provoquer les regards, à susciter l'envie, à sentir le désir. À aller au club de gym pour augmenter ses pectoraux et ses abdos. À prendre des anabolisants pour que ça gonfle plus vite. À se tailler la barbe, à se raser les aisselles, le ventre, le dos, le sexe. Choisir le bon jean, le bon tee-shirt, la bonne couleur, la bonne longueur de manches. Boire un premier verre au bon endroit, mater, se faire mater, draguer, se faire draguer... Découvrir tous les trucs qui font bander, tenir des nuits entières : le popper, les anneaux, le Viagra, la coke, l'exta...

Découvrir les réseaux Internet, les rencontres à l'aveugle, les saunas, les *back-rooms* et les *dark-rooms*, l'excitation constante, qui ne doit pas s'arrêter, jamais, jamais...

Quand il me raconte ces tranches de vie, souvent avec épuisement, Jules me fait penser à ces samouraïs toujours prêts au combat mais que la vue d'une fleur de cerisier pouvait faire pleurer. Guerrier bardé de muscles, cuirassé jusqu'aux dents, son sexe en érection comme une arme de combat, pour protéger un cœur d'une extrême sensibilité. C'est avec cette armure qu'il va au contact sexuel de l'autre... Les hétéros homophobes qui se gaussent de leur féminité devraient y regarder à deux fois : chez beaucoup de gays, le désir d'être un homme désiré par un homme décuple surtout la virilité...

C'est le paradoxe profond de l'homosexualité masculine : le désir de ces hommes les porte vers d'autres hommes. Des vrais. Des qui n'auraient pas, eux, de désir pour un homme... Je pense à Jacques, un de mes patients, qui passe des nuits à arpenter le bois de Boulogne à la recherche de « la » bonne rencontre. C'est, pour lui, une quête quasi mystique : trouver celui qui correspond exactement à son désir ; un homme absolument homme à ses yeux, dans ses attitudes, son allure, ses gestes... « Je préfère que tout se passe en silence, dit-il. S'il commence à parler, je peux déjà déceler dans ses mots ou même dans le timbre de sa voix qu'il n'est pas ce que je voudrais qu'il soit. » Ce que Jacques voudrait qu'il soit, c'est un homme dénué de cette part féminine qui le fait désirer d'autres hommes ; finalement, un homme incapable de le désirer, lui... « De toute façon, ça ne sert à rien de parler : ça n'est pas dans cet endroit que je pourrai trouver quelqu'un de convenable, avec qui nouer quoi que ce soit... » C'est pourtant dans cet endroit que quelqu'un comme lui cherche une rencontre...

On est bien loin de *La Cage aux folles*. Dans certaines circonstances, l'univers gay est un univers guerrier, qui met en jeu des fantasmes assez rigides de virilité toute-puissante dans des affrontements dont on finit tôt ou tard par sortir blessé : pas assez beau, pas assez jeune, pas assez bandé, pas assez musclé, pas assez désirable... Dans ce monde hyper-masculin et très codifié, les hommes jouent à être des hommes. Et donc, repoussent le plus loin possible les limites du risque. Les chiffres du sida en sont la preuve : sur fond de « un homme n'a pas peur, et pas mal » et « le premier qui lâche est un lâche », les pratiques dangereuses se multiplient et font des ravages dans ces milieux où la confrontation d'homme à homme redouble les valeurs viriles et le taux de testostérone...

Quand Tristan arrive à mon cabinet, il a vingt-trois ans. Et il vient d'apprendre sa séropositivité. Ses premiers mots sont cinglants : « C'est de ma faute. J'ai déconné. Je vais enfin pouvoir retourner chez ma mère et vivre normalement... » L'histoire de Tristan raconte parfaitement tous les écueils que les Jules, et tous les Tristan, ont à affronter. Il est né en province, dans une ville forcément trop petite ; toutes les villes de province deviennent trop petites, quand on est adolescent et qu'on est différent. Ses parents se séparent peu après sa naissance ; ses sœurs aînées sont bien plus âgées que lui. Finalement, il grandit seul avec une mère aimante dont la vie n'est pas très facile. Son enfance est plutôt douce, pourtant. Il se sent différent, mais pas plus que son copain fou de sports ou cet autre qui ne pense qu'à la musique. Jusqu'à l'âge de treize ans. Un jour, dans la cour du collège, un costaud énervé lui casse la figure devant tout le monde avant de l'achever d'une phrase assassine : « Toi, le sale petit pédé, tu vas dégager d'ici. » Pour Tristan, tout s'éclaire et tout s'effondre : il prend conscience qu'il est homo. Ce que tous les autres savaient, il ne se l'était jamais dit. Cette différence, si floue pour lui, était nette à leurs yeux à eux : Tristan a quelque chose de féminin, même s'il n'a rien d'efféminé. « J'ai compris que je n'avais qu'une chose à faire : me planquer pour qu'on me foute la paix. » Comme beaucoup de ses congénères, il sent que, pour le moment, c'est la solution la plus sûre : faire semblant d'être comme les autres. Il rentre dans le moule, se trouve une petite amie, joue le rôle qu'on attend de lui. Il raconte cette période comme une traversée pas trop douloureuse : il sait que sa prison va bientôt s'ouvrir, qu'ailleurs sa vie sera possible, et qu'il faut juste attendre d'avoir l'âge de partir. S'il avait eu vingt ou trente ans de moins, Tristan aurait pu sombrer dans un profond désespoir, sans même pouvoir envisager, un jour, de sortir de son « placard »...

Pendant que ses copains hétéro apprennent la vie et l'amour, Tristan met ses sentiments et ses désirs en berne. Il attend. Il attend... Quand il a dix-huit ans, il « monte » à Paris, trouve un boulot, un studio, et découvre le milieu gay. « Là, ça a été l'explosion. Comme si j'entrais dans un supermarché où tout est gratuit. Ils sont beaux, désirables, musclés, et ils me veulent, tous ! » Du haut de ses dix-huit ans, avec sa jolie gueule et sans aucune expérience, Tristan s'engouffre dans le supermarché à corps perdu. Au début, il fait attention, se protège, choisit. Mais très vite, il perd le contrôle : tout est trop excitant, facile, frénétique, irrépressible. Et un jour, il apprend qu'il est séropositif. Et il dit, presque avec soulagement : « Je vais enfin pouvoir rentrer chez ma mère. »

La bisexualité agie

Tristan et Jules auraient pu, aussi, rencontrer Emmanuel, un autre de mes patients, qui, lui, n'a jamais réussi à définir vraiment vers qui il inclinait. Emmanuel se présente comme bisexuel assumé, et même militant.

Il considère que la bisexualité est la nature (on y revient !) des hommes et des femmes, et que c'est la société, la culture, la civilisation qui nous ont déviés de cette trajectoire. Sa vie, à lui, est organisée sur cette base. Il a une compagne, avec qui il a un enfant, dont il partage la vie quatre jours par semaine. Et il a un compagnon avec qui il cohabite les trois autres jours. Compagne et compagnon se connaissent, et s'efforcent d'entretenir des relations à peu près cordiales. Et tout le monde est très malheureux.

L'équilibre délicat organisé par Emmanuel bascule dans le chaos au moment de la naissance d'un deuxième enfant. Son compagnon ne le supporte pas, et demande à Emmanuel de faire un choix. Ils se quittent, la mort dans l'âme. Emmanuel continue de rencontrer des hommes, en faisant bien attention de ne pas trop s'attacher, pour ne pas se retrouver, une fois encore, sur un fil invivable.

J'en reçois beaucoup, à mon cabinet, des hommes pour qui la bisexualité est aussi agie. En général, ils me racontent une sexualité plutôt épanouie, mais une existence assez compliquée. La plupart d'entre eux se sont résignés à avoir une vie sociale d'hétérosexuel – une épouse, une compagne, voire des enfants – et une deuxième vie, souvent cachée, d'homo. Soit en fréquentant des lieux de rencontre pour des aventures furtives, soit en entretenant, carrément, une histoire amoureuse et clandestine avec un deuxième compagnon.

Que dire de cette bisexualité, à part qu'elle correspond à l'éventail des possibilités de construction psychique d'un petit garçon : il y a les Laurent et les Tristan, pour qui tout est très net, et entre ces deux cas de figure existe toute la gamme possible d'inclinaisons, en passant par Pierre à qui il a fallu plusieurs années pour se définir, ou Emmanuel, qui est défini comme... indéfini. Chacun d'entre eux est un individu, construit sur l'agrégat très complexe d'un nombre infini de facteurs, qui interagissent depuis leur toute petite enfance. Et chacun d'entre eux doit inventer, à partir de ce qu'il est, la vie qui lui convient le mieux. Mais une chose est sûre : ce qui a fait capoter la solution imaginée par Emmanuel, ça n'est pas la bisexualité. C'est la bigamie ! Et ça, c'est une autre histoire, qui a sa place dans un autre chapitre.

L'homosexualité, qu'elle soit ponctuelle ou plus définitive, se raccroche au masculin de façon très complexe et paradoxale. Quelle place trouver dans le groupe des hommes lorsqu'on se sent à la fois si différent et si désireux d'eux ?

Jules, Jacques, Tristan, Emmanuel, et tous les hommes qui, à leur manière, ont pénétré dans l'univers gay, ont eu à lutter pied à pied pour reconnaître, tolérer, et faire accepter leur préférence. Pour se sentir fiers de ce qu'ils sont. Pour que leur vie amoureuse ne soit pas amputée. Pour certains, peut-être davantage pour ceux dont l'enfance a été brisée par cette difficulté à s'affirmer, la danse du samouraï gay devient un « jeu » tragique, pour un « je » solitaire et vide... Certains y laissent leur peau ou leur âme. Beaucoup d'autres, et c'est tant mieux, vivent à deux ou en groupe une vie plus douce.

Les embûches de l'affirmation de soi montrent l'importance du communautarisme gay : bien sûr lutter contre l'homophobie, mais surtout fournir des discours, des images, des destins, des représentations d'« hommes qui aiment les hommes qui aiment les hommes » ou de « femmes qui aiment les femmes qui aiment les femmes », véritable antidote à la quête désespérée de celui ou de celle qui va par nature les rejeter. D'où aussi la nécessité que ce ne soit pas uniquement autour de l'échange sexuel que ce communautarisme puisse se fonder, mais au nom d'une altérité qui permette à des milliers d'adolescents de faire la part entre aimer un sexe et aimer un autre du même sexe.

Ce communautarisme se heurte aux nouvelles formes, plus masquées, de l'homophobie volontiers véhiculées par certains de mes confrères psychanalystes. Depuis que les homosexuels n'incarnent plus la race maudite du pervers sublime cher à Foucault ou à Genet, et que leurs aspirations peuvent s'exprimer davantage en termes d'intégration, de couple, voire de famille, une nouvelle forme d'homophobie, bien plus sournoise, s'énonce au nom d'un savoir scientifique qui ne repose que sur des opinions et des *a priori* affectifs. Les homosexuels sont des clones, atteints de troubles narcissiques, incapables de respecter la différence anatomique des sexes. Les anathèmes fleurissent et les pires catastrophes sont prédites à la société occidentale. Des psychanalystes parmi les plus sérieux se sont lancés dans une véritable croisade médiatique au nom d'une paternité symbolique menacée par le nouvel ordre homosexuel.

Que je sache, la psychanalyse n'a pas pour fonction de dire la norme, mais d'aider les individus à vivre au mieux leurs désirs et leurs choix.

Ces couples, ces familles, je les retrouve alors, parfois, dans mon cabinet, pour d'autres demandes, moins « identitaires ». Je pense par exemple à ce couple d'hommes en pleine crise. Même allure, mêmes goûts, mêmes envies, et pourtant, à un moment, quelque chose grippe. Même s'ils se ressemblent, et que c'est pour ça qu'ils se sont choisis, ils ne sont pas pareils, et c'est là que cela coince, exactement comme dans un couple hétérosexuel ! Dans un premier temps on ne fait qu'un, uni dans un idéal fusionnel. Et puis, petit à petit, apparaissent des différences, de plus en plus insupportables. Lorsqu'il s'agit d'un homme et d'une femme, on met ça sur le compte de la différence des sexes, on joue à Mars et Vénus, on plaisante sur les cartes routières. Mais dans un couple d'hommes (ou de femmes), plus moyen de se cacher derrière cette excuse « naturelle » : la vérité est là, toute nue.

Ce qui rend la vie de couple si compliquée, c'est que l'autre est un autre. Qu'on soit hétéro ou homo, les valeurs conjuguées du narcissisme et du succès symbolisé par l'argent aplanissent les différences qui se cantonnent au jeu de la séduction. Face au moi tout-puissant, c'est l'altérité qui est en péril. Quand on a choisi son conjoint comme un miroir de son propre narcissisme, il reste un miroir, une image, un regard extérieur, avec lequel on ne peut échanger aucune intimité... C'est de cela dont devraient s'inquiéter ceux qui prédisent l'apocalypse, bien plus que d'une hypothétique « propagation » de l'homosexualité qui ferait perdre aux hommes toute virilité.

Le cœur des hommes

Homo ? Hétéro ? Bi ? Dominant ? Dominé ? Conquérant ? Conquis ? Qu'est-ce qu'être un homme aujourd'hui ? On voudrait nous faire croire que la seule réponse à cette question, c'est surtout de rester ou de redevenir comme un homme d'hier. Et on utilise, pour cela, le fabuleux terrain de la sexualité. De façon grossière ou plus subtile, on nous raconte que les jeunes hommes sont tellement perdus qu'ils n'en bandent plus, alors que toutes les études disent le contraire : les jeunes adultes se disent heureux de leur sexualité, qu'ils décrivent comme fluide et joyeuse. Les femmes ont gagné en jouissance, en liberté, et les hommes ne s'en plaignent pas, loin de là. La majorité des personnes interrogées s'accorde à trouver que, dans ce domaine au moins, nous avons bien plus gagné que perdu en avançant vers l'égalité et la mixité.

Et pourtant, je les ai bien lus et écoutés, ces naturalistes alarmistes qui rallument la guerre des sexes en nous chantant sur tous les tons la prise de pouvoir par les femmes et la « maternisation » de la société. Le journaliste Éric Zémour, par exemple, qui exhorte les hommes à la révolte : « À quoi ressemble l'homme idéal ? [...] Il préfère le compromis à l'autorité et privilégie le dialogue, la tolérance, plutôt que la lutte. [...] Les fils ne rêvent que de couple et de féminisation longue durée. Ils ne veulent pas être ce qu'ils sont : des garçons [1]. »

Les responsables de ce désastre ? Les féministes qui « se sont emparées de la vacance du pouvoir, persuadées que l'égalité, c'est la similitude » ; les homosexuels, comme ces couturiers auxquels « la machine médiatico-marchande donne une puissance inégalée à leurs fantasmes » ou ces maires de Berlin, Paris et Hambourg.

1. Éric Zémour, *Le Premier Sexe, op. cit.*

Si les femmes et les gays en prennent pour leur grade tout au long de l'ouvrage de Zémour, à aucun moment les valeurs masculines ne sont clairement définies en dehors du besoin impérieux pour tout mâle qui se respecte d'assouvir une sexualité débridée. L'homme s'y définit surtout « en creux » par ce « ni ni » coutumier et désolant : ni une femme ni un homo.

Plus subtilement, Michel Schneider[1], psychanalyste, accuse la confusion des sexes d'une « perte d'attrait pour le sexe chez les jeunes générations ». « Chaque sexe se prend pour l'autre de peur de se prendre l'un l'autre », nous dit-il, ce à quoi il ajoute, annonçant la couleur : « Voulons-nous que le socialisme moral et politique nous délivre de la sexualité ? » Personne ne saura sur quoi cet auteur se fonde pour évoquer cette perte d'attrait pour la sexualité, en dehors, peut-être, de son propre déclin de quinquagénaire : tous les sondages d'opinion montrent des jeunes (et des moins jeunes) concernés, informés, décrivant avec bonheur des pratiques sexuelles allègres et variées, et pour le moins satisfaisantes...

« C'est parce que les pères ne sont plus des pères et les mères des mères que les fils ont tant de mal à être des hommes et les filles des femmes », finit-il par lâcher. Messieurs, reprenez le contrôle de la famille, disposez, commandez, ordonnez. Mesdames, soumettez-vous et

1. Michel Schneider, *La Confusion des sexes*, Paris, Flammarion, 2007.

rentrez au foyer élever vos enfants dans le culte du patriarcat, les hommes pourront redevenir des hommes... et ils vous le feront bien payer.

Quant à Aldo Naouri, pédiatre, il décrit à l'envi, livre après livre, cette société de mères toutes-puissantes qui ne songent qu'à garder indéfiniment leur progéniture dans leur utérus sans fond.

Accordons la palme de l'humour au journaliste David Abiker qui nous livre une parabole désopilante des nouveaux hommes : « La bonellie verte est un ver marin au remarquable dimorphisme sexuel. Il faut deux ans à la bonellie pour devenir adulte et acquérir la taille d'un mètre, alors que le mâle ne dépassera pas les quelques millimètres. En volume, le mâle est deux cent mille fois plus petit. En fait, c'est une larve qui se masculinise en s'approchant et en s'accolant à la femelle. Son avenir est d'être aspiré par la trompe de la femelle et d'être placé dans son androcée lui permettant de féconder les œufs qu'il verra passer. Elle est pas belle, la vie [1] ? »

Soyons sérieux. Ces ouvrages, et tant d'autres, traduisent un véritable désarroi, mais il s'agit de ne pas se tromper de cible. Cessons d'accuser les hommes de ne plus être ni des hommes ni des pères et les femmes de ne plus être ni des femmes ni des mères ! Certes, la

1. David Abiker, *Le Musée de l'homme*, Paris, Gallimard, coll. « Folio », 2007.

démocratisation de la société bouscule les processus verticaux de l'autorité et privilégie les rapports affectifs, l'écoute, la proximité et la caresse. Certes, les nouveaux rapports de couple rendent plus confus la place et le rôle de chacun.

Mais l'homme n'est plus le gardien de l'autorité ou de l'ordre symbolique, les femmes ont depuis longtemps appris à sortir des corps à corps fusionnels avec leurs enfants ou leurs conjoints. Nous vivons une période de transition où chacun cherche ses marques et a vite fait de se sentir nostalgique d'une complémentarité entre les sexes fondée sur une différence des cerveaux, des émotions ou des compétences.

Cette répartition des rôles sexués est historique et sociale, et n'a pas de base naturelle. L'homme et la femme peuvent parfaitement partager ces rôles et ces responsabilités sans que soit remise en cause leur identité, car la réalité psychique reste fondée sur la différence des sexes. En débarrassant les rôles sociaux de leur représentation sexuée, les hommes avec les femmes peuvent gagner en fluidité, en unité et en intimité.

Il n'y a donc pas lieu de redouter une quelconque féminisation de la société. Une société qui n'exacerbe pas la virilité et le cloisonnement laisse au contraire plus de chances à chacun de s'épanouir.

Il est temps de sortir de ces vieilles peurs d'enfant, ou, au moins, de les traverser pour en faire autre chose.

Je crois que les émotions prennent leur source dans la bisexualité psychique, qui permet à chacun d'entre nous, homme ou femme, de pénétrer et d'être pénétré, de donner et de recevoir, de s'entremêler et de laisser ce courant circuler librement de l'un à l'autre, sans être envahi par des peurs et des représentations qui cantonnent les hommes dans la brutalité virile, et les femmes dans la soumission castratrice. Les hommes ont tout à gagner à comprendre et à apprendre que la sexualité se construit avec leurs émotions autant qu'avec leur pénis, et que les pièces centrales de ce puzzle si complexe, c'est l'autre !

Quel autre ? Là encore, la palette est vaste, et colorée ! Elle va d'un trou à remplir, comme l'explique sans ambages l'adolescent à peine sorti de l'enfance et débordé par son propre corps, à un être complet et différent à aimer. Et je crois que c'est vers ce côté-là de la palette que se trouve la réponse à « quel homme aujourd'hui ? ».

Je les vois, dans mon cabinet, ces hommes nouveaux qui désirent avancer vers l'égalité. Je vois, aussi, leur désarroi, et celui de leurs compagnes, de devoir trouver d'autres repères que ceux qu'on leur a inculqués ; de devoir apprendre quoi faire de ces émotions qu'ils s'autorisent enfin à ressentir et à exprimer ; d'avoir à inventer d'autres fonctionnements. Et je les vois déposer peu à peu armes et armures pour arriver jusqu'à leur cœur. Cela n'est ni grave ni inquiétant. C'est passionnant et réjouissant.

4.

Les uns avec les autres

« Un jour Marie d'Agoult sera à l'Académie des sciences morales et politiques, George Sand à l'Académie française, Rosa Bonheur à l'Académie des beaux-arts, et c'est nous, les hommes, qui feront les confitures et les cornichons. »
Barbey d'Aurevilly.

Une journée de consultation s'achève. J'ai reçu André et son fils Jules qui s'abîme dans la galaxie Internet et les vapeurs de cannabis, un père fou d'angoisse face aux dérives de son enfant, un père qui s'accuse et se mortifie : « Je l'aime trop, je suis trop inquiet, je suis incapable de lui donner des limites et de lui faire respecter mes interdictions, si j'avais un peu plus d'autorité, rien de tout cela ne serait arrivé... » J'ai écouté Simon en proie à des cauchemars récurrents dans lesquels sa compagne, si charmante et sensuelle, se transforme en une horrible créature aguichante qui prend le visage de sa mère. J'ai rencontré pour la première fois ce couple proche de la quarantaine : il la supplie de lui faire un bébé, elle refuse obstinément, encore prise dans les rets d'une enfance tragique ; pendant qu'il évoque ce désir d'enfant, je remarque qu'il se caresse rêveusement le ventre, de ce geste doux et protecteur que les femmes enceintes connaissent si bien... Et puis Antoine, père de quatre enfants, qui crie contre une épouse qui lui reproche son travail envahissant et ses week-ends passés à s'envoler en parapente : « Tu ne vas pas en plus me priver de mon seul espace de liberté ! » Robert, quinquagénaire séducteur qui parle avec dégoût de son corps vieillissant, des muscles qui s'affaissent, de la taille alourdie et du cou dévasté. Ces jeunes mariés, la sexualité en berne : ils viennent tout juste d'avoir un enfant et ils ne se reconnaissent plus, s'épuisent dans un calcul d'apothicaire sur la répartition des tâches ménagères, de « tu n'es jamais contente » à « si ta mère ne t'avait pas tant couvé »... Et encore Julie, Lydia excédées par un conjoint trop présent ou trop distant, trop entreprenant ou pas assez sensuel, et Marie qui chaque fois qu'elle donne un ordre à son fils Lucas peste en se disant à elle-même « je n'en peux plus de jouer l'homme dans cette maison... ». Et, comme un leitmotiv tout au long de cette journée dans mon cabinet, cette constatation évidente : le monde change, l'amour est devenu tout-puissant et ce sont les hommes qui en sont le plus désemparés...

Je me souviens de cette interrogation à ma grand-mère : « Tu l'aimes, grand-père ? » Elle me regarde avec des yeux ronds, comme si je lui posais une question incongrue. Elle l'est peut-être, d'ailleurs, venant du petit garçon que je suis, qui se demande comment une grand-mère aussi délicieuse peut aimer un grand-père aussi rude. Du haut de mes dix ans, j'ai bien senti que cette histoire-là ne ressemblait pas tout à fait à celles que racontent les contes de fées, ou les grandes personnes. « Bien sûr que je l'aime, ton grand-père, puisque c'est mon mari, et que c'est Dieu qui me l'a choisi. » Sur le coup, elle ne m'a pas convaincu. J'ai compris un peu plus tard que son père avait avantageusement pris la place de « Dieu » pour le choix de l'heureux élu, qui fut, je le crains, bien plus heureux qu'elle...

Il y a quelques semaines, dans le journal, s'étalait l'histoire dramatique d'Aylin, une jeune fille turque expatriée en Angleterre avec toute sa famille. Éducation traditionnelle à la maison, mais école publique anglaise ; à dix-huit ans, Aylin tombe amoureuse de John, un camarade de classe qui le lui rend bien. Mais le père d'Aylin a prévu autre chose pour sa fille. Depuis des années, elle est promise à un cousin qui l'attend au pays.

Aylin et John s'aiment, ils décident de se marier s'il le faut. Impensable pour ces enfants du XXIe siècle d'imaginer Aylin enchaînée à vie à un homme qu'elle n'a pas choisi, dans une existence dont elle ne veut pas. Les amoureux s'enfuient. Le père d'Aylin envoie ses deux fils à leurs trousses. Ils les retrouvent. Aylin refuse de suivre ses frères chargés de la ramener au bercail. L'aîné sort son couteau, et la poignarde. À mort.

C'est l'histoire d'une société qui a changé, en à peine deux générations. Une société où, depuis des siècles, en matière de mariage, l'amour naissait du lien. Dans le meilleur des cas. Tous les hommes de ces histoires ont joué leur rôle d'homme, parfaitement : le père de ma grand-mère a choisi pour elle un « bon » mari, capable de la protéger et de subvenir à ses besoins. Mon grand-père a tenu son rang socialement : il a entretenu sa femme, et ses enfants ont hérité de ses valeurs et de son patrimoine. Tout comme le père d'Aylin, qui a fait pour elle ce qu'il a jugé le meilleur : il a transmis à ses enfants les règles de la société à laquelle il appartient, et veillé à ce qu'ils les respectent. Tous. Aylin est la seule à avoir dérogé...

Et l'amour dans tout ça ? Pour ces hommes-là, comme pour ma grand-mère, la question est parfaitement incongrue. Ils savent bien que, depuis toujours, l'amour n'a rien à voir avec le couple ! Tout au plus est-ce un bonus, qui rend les choses plus agréables – quand il ne les complique pas. Pour eux, le couple est la cellule sociale indispensable à la reproduction de l'espèce et à la pérennité de la société. Et encore, il n'est pas certain qu'ils y aient vraiment réfléchi en ces termes-là. En fait, pour eux, c'est comme ça, un point c'est tout. Les hommes et les femmes construisent des foyers et des familles, que les hommes sont chargés de diriger, de protéger et d'alimenter, et que les femmes sont chargées de couver, d'animer et de soigner. Cela n'empêche pas les sentiments, mais il n'est pas question qu'ils soient au centre d'une affaire aussi importante...

Dans la plupart des cas, nos parents, à nous, se sont unis parce qu'ils se sont aimés. Ils sont des pionniers, ou des enfants de pionniers. C'est eux qui ont inventé l'idée de mettre l'amour au centre du monde, et d'en faire le moteur. Cela a complètement changé la vie des hommes et des femmes, la place de chacun dans le couple et dans la famille, et jusqu'aux structures mêmes de la société. Où l'on s'aperçoit que, sur ce point au moins, les anciens avaient raison : l'amour, souvent, ça complique !

Ça complique même au point que les hommes se sentent menacés dans ce qui est devenu pour eux aussi le plus important : la sphère de l'intimité, la construction du couple et de la famille. Si leur situation sociale reste privilégiée, leur situation personnelle s'est terriblement complexifiée. Cette valorisation de la sphère sentimentale et de la sensibilité, des qualités relationnelles, de la fidélité, de la sécurité et de la transparence au détriment de la force, de l'esprit de conquête, du goût du risque et de l'agressivité, qui participent de ce que l'on nomme avec effroi « féminisation » de la société, rend la construction de l'identité masculine plus tortueuse et plus contradictoire. Il ne suffit pas d'être fort, viril, courageux, d'accumuler les conquêtes et de ne pas montrer ses sentiments. Les larmes des hommes sont émouvantes, voire souhaitées, et leur expression émotionnelle signe d'intelligence plutôt que de faiblesse. Plus qu'ailleurs, c'est dans l'intimité du couple, où il voudrait se sentir en sécurité, que l'homme d'aujourd'hui se trouve en difficulté...

Raphaël et Élisa

Quand Raphaël et Élisa viennent me voir, ils sont au bord de la rupture. La quarantaine, presque vingt ans de vie commune, deux filles adolescentes et plus rien qui va. Lui, écrivain reconnu, n'en peut plus des demandes constantes de sa compagne ; il se sent envahi en permanence. « Elle vient tout le temps dans mon bureau, elle me pose des questions, elle a toujours quelque chose à réclamer. Vous voyez ? « LA FFFEEEMMMME ! » De ses deux bras, il balaie l'espace en un grand cercle censé représenter la sorcière-méduse invasive qu'il décrit. Elle le regarde faire, un peu tassée sur sa chaise, le regard triste.

Raphaël est le seul garçon d'une famille de femmes italiennes. Choyé depuis sa naissance par sa mère, ses tantes, ses sœurs et même ses cousines, il a grandi comme un petit coq en pâte, à qui tout réussit (mais qui est prié de faire en sorte qu'il en soit ainsi). Donc, tout lui réussit : il devient un bel homme, charmant et brillant ; un intello beau parleur et séduisant très occupé à changer le monde. Élisa, elle, est née sous X. Adoptée tout bébé par un père qu'elle décrit comme rugueux et macho, et une mère très rigide dont elle attend toujours quelques marques d'affection. Après avoir beaucoup rêvé à sa « vraie » mère, elle a fini par la retrouver : une femme fragile et perdue, si jeune lorsqu'elle était enceinte d'Élisa qu'elle a renoncé à l'élever. Élisa la prend sous son aile, comme une enfant... et choisit d'être éducatrice, comme pour venir en aide au monde entier.

Quand elle rencontre Raphaël, elle est subjuguée. Il la laisse le trouver beau, drôle, brillant, irrésistible – il a l'habitude – et s'engage dans une relation amoureuse plutôt légère – il a quand même, par ailleurs, le monde à changer – avec cette jolie fille émerveillée. Au bout de quelques mois, elle lui annonce qu'elle est enceinte. Ils décident ensemble de ne pas garder cet enfant, et, en homme responsable, il l'accompagne à l'hôpital pour l'avortement. Mais au dernier moment, elle recule, choisit de garder le bébé et s'engage à l'élever seule. Crise.

Il faut plusieurs semaines à Raphaël pour prendre sa décision : finalement, il va reconnaître et élever la petite fille à naître. Ainsi se fonde le couple de Raphaël et Élisa, il y a bientôt vingt ans. Chacun y trouve ses marques, et, finalement, son bonheur : cinq ans plus tard naît une deuxième fille, voulue et décidée, celle-là. Raphaël travaille beaucoup, écrit des livres et gagne en notoriété. Élisa aussi travaille beaucoup. Son métier la passionne, elle s'y investit avec succès. Ils sont un couple moderne, actif et autonome, conforme à l'idée qu'ils se font d'une famille. Les filles grandissent. Avec l'aînée, lycéenne brillante et plutôt bien dans sa peau, Raphaël est un père ferme et passionnant, encourageant, fier et tendre. Avec la seconde, collégienne toujours un peu en difficulté, il est comme un loukoum, gaga et permissif. Il parle d'elle en disant « la pauvre », la couve comme un bébé et lui passe tous ses caprices.

Quand ils viennent me voir, Raphaël et Élisa ont de plus en plus de mal à se supporter. Elle le décrit comme indifférent, voire un peu méprisant à son égard ; toujours plus prompt à refaire le monde avec ses amis qu'à faire attention à sa femme ; beau parleur peut-être, mais peu capable d'exprimer émotions et sentiments. Et elle ne supporte plus du tout son attitude avec leur seconde fille, qu'elle trouve injuste vis-à-vis de l'aînée, et aussi d'elle-même, puisqu'elle se retrouve obligée de jouer à la mère fouettarde pour compenser le laxisme paternel. De son côté, Raphaël se sent incompris dans son travail qui demande calme et concentration, harcelé, sans cesse remis en cause. Il a l'impression que, quoi qu'il fasse, Élisa y trouvera à redire. Il ne comprend pas les reproches et les scènes qu'elle lui fait, puisqu'il passe tout son temps à travailler pour sa famille, et qu'elle sait bien qu'il l'aime, puisque c'est avec elle qu'il a choisi de vivre et d'avoir des enfants.

Ils parlent de se séparer, puisque plus rien n'est possible sans hurlements. Plus elle essaie de se rapprocher de lui, plus il se sent envahi et s'éloigne. Plus il s'éloigne, plus elle est blessée et tente de se rapprocher. Ça la rend triste, ça le rend fou, ça les rend très malheureux.

Le couple de Raphaël et Élisa ressemble à beaucoup des couples de 40-50 ans qui viennent me voir pour essayer de comprendre ce qui leur arrive. Enfants de Mai 68, ils ont fondé leur projet conjugal sur des principes égalitaires auxquels ils veulent se tenir, coûte que coûte. Mais les chaînes identificatoires qui les relient à leurs parents et aux générations précédentes viennent entraver ces aspirations. Élisa trouve Raphaël trop maternel avec leur fille cadette, celle qu'il a « vraiment » désirée, mais aussi trop autoritaire avec l'aînée, et sournoisement macho avec elle-même lorsqu'il ne lui accorde pas de considération pour ce qu'elle entreprend professionnellement. Raphaël téléguide à son insu sa compagne vers une position maternelle à l'italienne, envahissante et gavante, pour pouvoir se conforter dans sa vision ancestrale de « LA FFFEEEMMMME » dont il convient de se méfier. Il dit : « Je me sens angoissé, impuissant, je n'ai pas ma place dans cette maison face à ce bloc de filles. » Il se défend, se replie dans sa forteresse de silence ou explose au moindre prétexte. Elle formule des questionnements ou des demandes qu'il ressent comme des intrusions ou des reproches ; elle finit par déclarer : « Il est incapable d'exprimer le moindre sentiment, il est comme un bloc de marbre qui me méprise. » Et ils s'épuisent tous deux à vouloir faire la peau jour après jour aux pulsions matriarcales de l'une, patriarcales de l'autre, quand ça n'est pas aussi l'inverse.

Le monde a changé ; ils en ont été les premiers témoins, et même, parfois, les acteurs. Dans le modèle de couple égalitaire auquel ils rêvent, et qu'ils s'efforcent de construire, l'homme aspire très fortement à créer un foyer, à s'occuper des enfants, à laisser de plus en plus de place dans sa vie à l'intériorité. Et la femme désire s'ouvrir au monde, se construire une vie sociale hors du foyer, sans le perdre pour autant. Raphaël et Élisa sont totalement d'accord là-dessus. Raphaël, qui travaille souvent chez lui, s'est beaucoup occupé des enfants ; c'est lui qui est là quand elles rentrent de l'école. Élisa n'a sacrifié ni sa carrière ni ses amis à sa vie de couple. Et pourtant, parmi les scènes qu'ils se rejouent sans cesse arrive en bonne place celle de « qui fait l'homme ? », « qui fait la femme ? », « qui fait le père ? », « qui fait la mère ? », bien qu'ils refusent absolument de voir le monde et la vie à travers ce prisme qu'ils estiment d'un autre âge...

Porter la culotte

Même les mots ont changé ! Autrefois, la culotte était l'élément majeur de la garde-robe masculine ; ce qui permettait, au premier coup d'œil, de repérer qui avait le pouvoir. Une des pires injures qu'on aurait pu faire de son vivant au père de Raphaël aurait été d'alléguer que dans la famille dont il est légalement le chef, c'est sa femme qui la porte. Il en aurait été aussi ridiculisé que si on avait dit de lui qu'il portait des cornes, ou qu'il était « de la jaquette ». Enfin, toutes ces situations qui font qu'un homme n'est plus un homme... Mais de pantalons « sévèrement burnés », voilà qu'en moins de deux siècles, la culotte s'est transformée en sous-vêtement féminin ! Je laisse aux spécialistes de l'histoire du textile le soin d'expliquer cette étrangeté, qui, finalement, résume assez bien, aussi, la manière dont se pose encore – toujours ! – la question du partage du pouvoir à l'intérieur d'un couple. Qui fait l'homme ? Qui fait la femme ? Qui est censé faire quoi ? Qui se trouve ridicule, ou brimé, ou frustré, en portant ou en ne portant pas quelle culotte ?

C'est qui le patron ? Depuis des siècles et des siècles, les sociétés humaines tentent de régler cette question délicate. La réponse la plus souvent proposée tient dans les institutions : les hommes ont organisé et structuré leur domination en promulguant des lois qui régissaient leur pouvoir, y compris dans l'institution familiale et conjugale. C'est donc de l'extérieur, d'une autorité suprême – Dieu d'abord, avec le droit divin, puis la République, avec le droit républicain – que vient la décision concernant qui est tenu de faire quoi dans le couple et dans la famille. À Raphaël, comme au père de la malheureuse Aylin, le rôle de protection et de transmission des valeurs, de la morale, de la culture, à Élisa, celui de communication et d'affection. J'en ai déjà beaucoup parlé, et d'autres avant moi, depuis de nombreuses années...

Mais il existe, aussi, une autre manière, tout aussi ancestrale, d'envisager la répartition des tâches dans un groupe. Ça s'appelle « l'auto-organisation », largement décrite par les psys systémiciens dont j'ai choisi de faire partie. De quoi s'agit-il exactement ? Dans un groupe, si petit soit-il – on peut considérer que le couple est le plus petit des groupes –, chacun occupe une fonction nécessaire à la survie collective. Pas tant en fonction du rôle institutionnel qui lui est réservé qu'en fonction de ses compétences, de sa personnalité et des besoins du groupe. Le meilleur exemple est celui d'une poignée de naufragés, échoués sur une île déserte. Très vite, chaque élément du groupe va s'approprier une tâche, trouver un rôle, une place, qui va permettre à la communauté de survivre. Deux iront chasser, un troisième ira cueillir, deux autres se chargeront de ramasser du bois et de s'occuper du feu, etc. Et cela selon les aptitudes de chacun, mais sans forcément tenir compte de qui est qui et de qui faisait quoi « avant », dans l'autre vie...

Voilà comment, dans une entreprise, une secrétaire de direction, dont le rôle hiérarchique n'est pas très important, peut néanmoins avoir un pouvoir considérable et tenir, dans l'auto-organisation, une place prépondérante de domination. Voilà comment, dans une famille, un enfant peut prendre la place d'un père (faible, malade, absent...) et réorganiser différemment tout l'équilibre familial autour d'un couple qui n'est plus père-mère, comme le prévoit l'institution. Le père occupe alors une position d'enfant, et les frères et sœurs se positionnent en fonction de cette nouvelle situation, en soutien ou en attaque du frère ou de la sœur dominant(e) qui a détrôné le père... Voilà comment, dans un couple, le père de l'une ou la mère de l'autre peut occuper une place de conjoint, reléguant le partenaire dans une position périphérique souvent fraternelle.

Dans ces cas, le pouvoir, horizontal, réside dans les règles du jeu, fixées par le groupe lui-même. La répartition du pouvoir n'est plus une injonction institutionnelle verticale décrétée de l'extérieur, une transcendance d'ordre divin, mais bel et bien une auto-organisation générée de l'intérieur...

Ces deux types d'organisations, institutionnelle et fonctionnelle, cohabitent toujours. C'est la rigidité plus ou moins immuable des institutions qui laisse un espace plus ou moins grand à l'auto-organisation. Si mon grand-père et ma grand-mère bénéficiaient d'une marge de manœuvre assez réduite sur cette question, Raphaël et Élisa, eux, baguenaudent dans un champ d'action beaucoup plus large, au point de s'y perdre parfois...

En moins d'un siècle, le couple a changé d'objet, et la loi a suivi. Il n'est plus institutionnellement nécessaire à la responsabilité légale des femmes, ni à la fondation d'une famille, ni à la transmission du nom, des valeurs ou du patrimoine. En à peine deux générations, le couple est devenu un espace réservé au bonheur et à l'intimité, au sein duquel l'institution n'a plus grand-chose à imposer – à part l'égalité et le respect de l'individu. C'est donc à chaque couple d'inventer ses propres règles, d'établir ses propres hiérarchies, de s'organiser, en fonction de l'intériorité et du désir de chacun, et non plus de ce que la tradition transmet depuis des générations. Et c'est là que les ennuis commencent !

Beaucoup de couples que je reçois s'épuisent à faire le grand écart entre leur idéal égalitaire et la question quotidienne du « qui fait quoi ? ». Ils ont du mal à comprendre et à maîtriser le fait que le pouvoir ne s'incarne pas forcément dans une personne. Lorsque Raphaël ressent qu'il perd son pouvoir, ça n'est pas automatiquement parce qu'Élisa l'a récupéré. Et vice versa. Dans un couple, le pouvoir peut être exercé... par le couple ! La loi de 1970 l'instaure sans aucune tergiversation possible : en remplaçant la « puissance paternelle » par l'« autorité parentale conjointe », elle enlève le pouvoir aux hommes pour le confier à une entité auto-organisée... Mais la question de la culotte, comme celle des cornes et de la jaquette, est vieille comme le monde ! Les hommes l'ont réglée en maintenant les femmes sous un joug institutionnel, qui n'existe plus depuis seulement quelques décennies. Vu sous cet angle, on peut considérer qu'il est assez normal que Raphaël et Élisa aient du mal à trouver de nouvelles marques.

Quand, en 2006, une femme, mère de famille, se déclare candidate aux élections présidentielles françaises, la première réaction qui fuse est : « Qui va garder les enfants ? » Et elle fait rire la moitié de la population, avant de déchaîner la furie éditoriale des naturalistes de tous poils, qui n'ont de cesse de démontrer, avec plus ou moins de subtilité, qu'une société qui va vers « ça » ne peut que péricliter. Dans les pays nordiques, cette réaction aurait semblé bien inconvenante. Parce que là-bas, depuis quelques décennies déjà, la question du pouvoir n'engage plus masculinité et féminité. Où l'on en revient à une affaire de « genre » : à l'instar des outils, des vêtements (revoilà la culotte !), des expressions et des émotions, certaines tâches seraient féminines et d'autres masculines. Et qu'une femme puisse envisager d'endosser une tâche aussi mâle que chef de l'État, pour laquelle même la langue française n'a prévu aucun féminin, mettrait à mal la « mâlitude » de tous ceux qu'elle gouvernerait...

Inutile d'aller chercher au sommet de l'État ! Je vois tous les jours dans mon cabinet comment la répartition des tâches renvoie les hommes et les femmes à leur masculinité et à leur féminité, même s'ils en refusent absolument l'idée. Un homme peut très bien s'occuper des courses et de la cuisine, changer le bébé, charger et décharger le lave-vaisselle, mais renâcler absolument à l'idée de gérer le lave-linge. Pourtant, bourrer un lave-linge n'est pas plus compliqué, techniquement, que remplir un lave-vaisselle ! Pour un autre, ce sera le repassage, le nettoyage des toilettes ou l'épluchage des légumes ; l'entretien de la layette ; les petits travaux de couture... De la même manière que certaines femmes refusent de toucher la tondeuse à gazon, d'ouvrir une boîte à outils ou de se préoccuper de l'entretien de la voiture. Pourquoi ? Même si c'est rarement formulé ainsi, il s'agit de la question très profondément enfouie de la représentation des rôles ; le moment où, tout à fait inconsciemment, faire « cette chose-là » met en danger l'identité sexuée de l'individu, jusqu'à provoquer parfois des régressions phénoménales et totalement incontrôlées !

Je l'ai déjà expliqué en détail : les distinctions des rôles sexués s'appuient sur un besoin fondamental de différenciation, la différence des sexes étant le schéma différenciateur cognitif le plus évident pour décrypter notre environnement. Les personnes comme les objets et les idées sont ainsi classés en mâle et femelle. La classification permet de comprendre le monde et le dualisme est la classification la plus simple, qui ordonne les éléments en bons et mauvais, supérieurs et inférieurs. Là est la source du problème : classer, c'est d'abord discriminer[1]...

Si les comportements sont moins codés et stéréotypés, les attentes en termes de comportements masculins et féminins n'ont pas pour autant disparu, comme si une sorte de scanner interne nous faisait en permanence classer l'autre dans une catégorie de genre. Un enfant

1. Françoise Héritier, *Masculin, féminin*, Paris, Odile Jacob, 1996.

voit son père et sa mère dentistes partir travailler ensemble dans le même cabinet, jouer ensemble au tennis, s'affairer de conserve aux tâches ménagères ; il cherche néanmoins un critère de distinction entre eux, quitte à l'inventer, pour pouvoir se différencier de l'un et s'identifier à l'autre. La distinction de genre continue à structurer le monde et à le hiérarchiser même si elle a perdu sa naturalité. Et c'est sur un ton triomphal que cet homme va s'esclaffer (quand il ne hurle pas) : « Je lui ai laissé prendre le volant, et dix minutes après on s'était perdus », ou avec une feinte désolation que cette femme va soupirer : « Que voulez-vous, docteur, pourquoi ferait-il un effort, c'est un homme, on ne le changera pas ! »

Une fois encore, dans ce domaine, les hommes sont pour le moment plus fragiles que les femmes. Parce qu'ils ont plus à perdre, ou qu'ils en ont au moins l'impression (toujours cette histoire de culotte, de cornes, de jaquette...), et qu'ils doivent apprendre à dompter un outil que les femmes maîtrisent depuis des générations : la communication intime, la capacité à échanger autour de la relation.

Voilà comment se crée une tension entre des normes contradictoires. L'homme, le « vrai », continue de nourrir les fantasmes masculines comme féminines. D'autant que les exigences de l'économie libérale valorisent l'esprit de compétition et de conquête, le culte de la performance, la maîtrise de soi... Le héros qui rassure et protège, décide et maîtrise, prend des risques et des initiatives hante encore les esprits des un(e)s et des autres. Mais les femmes peuvent aussi se plaire à rêver d'incarner à leur tour ce héros. Quel que soit leur choix personnel, on ne le leur reprochera pas. Elles peuvent aussi dans le même mouvement aspirer à la protection et à l'autorité masculines et s'en plaindre ; l'ambivalence est au cœur des rapports entre les sexes.

Certes, les rôles ne sont plus prescrits et l'individualisation progressive de la société accorde plus de liberté, mais l'impératif étant de devenir soi-même, on voit que la fluidité identitaire se heurte à ces contradictions.

Lorsque Élisa explique à Raphaël qu'elle est mal dans leur couple, qu'elle a l'impression qu'il ne l'estime pas beaucoup et qu'il préfère les échanges avec ses amis à lui, qu'elle n'arrive pas à trouver une place qui lui convienne auprès de leur fille cadette, elle trouve les mots précis et justes. Lui se sent accusé. Et, malgré sa grande maîtrise de la langue, il n'a pas les mots pour parler de lui, et pour nommer l'insatisfaction que cela éveille en lui. Il manque d'outil, puisque cet outil considéré comme « féminin » ne lui a pas été transmis. Il se sent en position d'infériorité, et ne dispose plus que de deux manières de réagir. Soit avec violence : « Tu m'emmerdes avec tes jérémiades, tu n'es jamais contente », avant de partir en claquant la porte pour aller se noyer dans une bonne cuite avec les copains, ou se consoler dans les bras d'une autre femme, moins légitime, mais qui, elle, ne l'"emmerde pas avec ses jérémiades"... Soit il s'empêtre dans une position de dominé qui atteint sa masculinité, l'amoindrit, le déprime, le dévirilise, et fait de lui une victime dont Élisa serait le bourreau...

Attache-moi, détache-moi

Un couple entre dans mon cabinet. Ils me parlent d'un de leurs enfants adolescent, qui va mal. À peine assise, la femme, comédienne, se met à déclamer : « Du père, du père, du père ! Je veux un homme qui ait des couilles, dans cette famille. » Ledit homme, un universitaire baraqué, qui n'a pas du tout l'air dépourvu de ce dont il est question, la regarde avec un air médusé. Le geste qu'elle joint à la parole ne laisse aucun doute sur ce qu'elle réclame. Du tranchant de la main, elle fend l'air de haut en bas. C'est ce qu'elle veut : qu'il tranche, d'une façon ferme et nette.

Mais trancher quoi, au juste ? Et à quel titre ?

Même s'ils le font de façon moins théâtrale – tout le monde n'est pas comédien –, un grand nombre des couples que je reçois est dans cette demande-là : que quelqu'un ou quelque chose tranche, sépare, instaure une contrainte, une règle, une loi, pour sortir de la nasse affective, du plaisir, de la fusion, et être capable d'affronter la réalité.

Pas de chance pour les hommes, dans l'imaginaire collectif, cette fonction leur est traditionnellement réservée. Les femmes enfantent, portent leurs petits sur leur ventre, contre leur sein ou dans leur dos, les nourrissent, les câlinent, jusqu'au moment où l'homme intervient pour les séparer. Il prend les garçons pour les jeter dans la jungle, leur mettre des armes entre les mains, leur apprendre la guerre et la chasse. Et il prend les filles pour les jeter dans les bras d'un autre homme.

Pendant longtemps – depuis toujours –, la répartition était « tranchée » : le féminin pour la nature, le masculin pour la culture. La femme à l'intérieur, dans la douceur, les enfants et toutes les tâches qui y affèrent, et l'homme à l'extérieur, dans la dureté, à la chasse, à la guerre, au travail. La femme qui reste, l'homme qui part et revient. La femme qui attache, l'homme qui détache... Comme dans ce conte oriental, que Roland Barthes aimait à raconter : un preux chevalier est éperdument amoureux d'une gente dame. Elle finit par lui faire une promesse : « Si tu viens chanter sous mes fenêtres mille jours et mille nuits, alors je serai à toi. » L'amoureux vient chanter, jour après nuit, neuf cent quatre-vingt-dix-neuf fois. Arrive la millième nuit. Il ne vient pas. Il arrête, il coupe, il tranche. Parce que c'est son rôle à lui... Ce qui ne prive pas les hommes de sentiments pour autant ! Les chevaliers du Moyen Âge, si prompts à se séparer de leur belle pour partir au combat, ont inventé l'amour courtois. Lancelot, on l'a vu, puissant et valeureux guerrier, bardé de sa cuirasse, savait aussi se pâmer aux pieds de Guenièvre, et se laisser tout entier envahir par la passion. Mais ça n'empêchait pas la séparation, bien au contraire. Ça la rendait encore plus nécessaire : tout Lancelot incapable de cesser de se pâmer pour vaquer à ses occupations d'homme ne saurait être considéré comme un vrai chevalier. Et, de fait, perdrait tout intérêt aux yeux de sa Guenièvre...

Pourquoi Lancelot, amant si sensible, éprouve-t-il la nécessité de se détacher ? Pourquoi le preux chevalier ne vient-il pas prendre la gente dame dans ses bras, la millième nuit ? Parce que, s'il est doux de s'attacher, c'est aussi infiniment dangereux. La quête profonde du lien affectif est chargée d'ambivalence. Aimer, c'est aussi prendre le risque de se laisser déborder, posséder, amputer de sa liberté et de son autonomie...

En ce temps-là, et pendant les quelques siècles qui ont suivi, les rôles étaient clairs et parfaitement répartis, sans discussion possible : si l'amour consume également hommes et femmes, c'est aux femmes de s'y laisser prendre, et aux hommes de savoir s'en détacher. C'est plus tard, il n'y a pas si longtemps, que les choses se sont compliquées...

Il se trouve que rien n'est plus si « tranché ». Ce qui compte n'est plus, comme pour mes grands-parents, de réussir dans la vie en faisant un « bon » mariage, qui permet aux patrimoines familiaux de se transmettre et aux lignées de se perpétuer, mais plutôt de réussir sa vie, de s'aimer beaucoup, passionnément, à la folie et d'être bien dans sa peau, heureux, épanoui. Les valeurs dites féminines, parce que si longtemps réservées aux femmes, deviennent des valeurs de plus en plus mixtes : les hommes aussi aspirent au plaisir, à la douceur, au dialogue, à l'empathie, à la négociation. Comme les femmes, ils recherchent la fusion passionnelle, ils se laissent prendre par l'autre, et se lovent dans la bulle de l'état amoureux, dont il est si difficile de sortir. Et dans laquelle on n'aspire qu'à retourner quand par malheur on en est sorti... La même chose se joue entre parents et enfants : le lien affectif prime sur tout le reste. Ce qui compte, c'est le plaisir partagé, l'échange, le jeu, la tendresse, le corps à corps, encore ; la fusion, toujours...

Dans le couple égalitaire d'aujourd'hui, tout est moins fluide entre le processus d'attachement et celui de détachement. Plus personne n'a envie d'être celui qui tranche, qui dit la loi, qui impose les règles, qui sort de la fusion. Ce qui donne cette scène-type, racontée dans mon cabinet des dizaines de fois : une jeune femme rentre du travail et trouve son compagnon et leur enfant en train de chahuter sur le canapé du salon. Elle éteint la télé, tape dans ses mains, et décrète « c'est fini la récré » avant d'énumérer les tâches que chacun a à accomplir jusqu'à ce que le dîner soit prêt. Et finit par penser, tout haut ou tout bas : « J'en ai marre de faire l'homme dans cette maison... » « Du père, du père, du père », disait une autre ! L'histoire est la même : il faut que quelqu'un endosse la fonction de séparation. Et si personne ne le fait, le couple, et la famille entière s'empêtrent dans un imbroglio affectif destructeur...

Pas moyen de s'en dispenser : d'une manière ou d'une autre, les petits doivent se séparer de leur parent, et le parent de ses petits. Quand rien ni personne n'assume cette tâche, c'est la vie qui s'en charge, le plus souvent avec violence : la séparation devient rupture, arrachement, amputation. Les adolescents passent à l'acte et trouvent une réponse dans l'anorexie, la toxicomanie, l'alcoolisme, ou toute autre forme de rupture grave. Et les couples, épuisés par une chorégraphie fusionnelle dont ils ne trouvent pas l'issue, et dont chacun – ou l'un, ou l'autre – éprouve immanquablement le besoin vital de se dégager, ne se séparent plus mais se déchirent et rompent avec brutalité, parfois même avec sauvagerie.

C'est souvent à ce moment-là, ou juste un peu avant, qu'ils viennent demander de l'aide. Généralement, au tout début de la thérapie, c'est la première chose qui fait surface : « Détache-toi », suivi, en écho, de « détache-moi »... Et, puisque dans la représentation collective, depuis toujours, la fonction de séparation est une fonction masculine, c'est à l'homme qu'il est reproché de ne pas tenir ce rôle... Au « Faut-il avoir des seins pour faire la vaisselle ? » des féministes des années 1970, on pourrait ajouter aujourd'hui : « Faut-il avoir des poils au menton pour instaurer la séparation ? »

Sophie et Jean viennent me voir alors qu'elle est enceinte de leurs premiers enfants ; des jumeaux qui doivent naître dans quelques semaines. Dès le début, sa plainte est claire : « Je n'en peux plus. Il est tellement attaché à sa mère qu'elle prend toute la place dans notre relation. » Jean proteste, et explique. Il est breton, deuxième fils d'une famille très unie dont la mère semble effectivement plutôt intrusive et dominatrice. Il travaille à Paris depuis de nombreuses années, mais possède un petit studio face à la mer, et pas loin de chez sa mère, où il avait pris l'habitude de se précipiter dès que son emploi du temps le lui permettait.

À partir du moment où il a rencontré Sophie, ses incursions bretonnes ont été beaucoup moins fréquentes, mais suffisamment tout de même pour qu'elle en soit exaspérée. Exaspération décuplée depuis qu'elle est enceinte : elle se demande jusqu'à quand il va considérer que voir sa mère est plus important que rester auprès de la famille qu'ils sont en train de créer.

Jean explique qu'il a une bonne raison de se préoccuper de sa mère : dix ans plus tôt, son frère aîné est mort d'une maladie foudroyante, qui a plongé la famille dans un deuil épouvantable, dont la mère semble ne pas vouloir ou pouvoir s'extraire. Le père et la sœur de Jean – qui habite à quelques encablures de chez ses parents, qui gardent ses trois enfants presque quotidiennement – baignent jour après jour dans cette douleur sans fin du deuil maternel. Jean, lui, appelle plusieurs fois par semaine et vient régulièrement pour soutenir sa famille.

La mère de Sophie, elle aussi, est une maîtresse femme. Depuis qu'elle est toute petite, Sophie l'entend se plaindre de la passivité de son mari, qui laissait sa propre mère tout décider sans jamais oser la contredire. Toute sa vie, la mère de Sophie a souffert à grands cris de la mollesse de son mari et de l'autorité intrusive de sa belle-mère dans leur couple. Et toute sa vie, Sophie s'est juré que jamais, au grand jamais, elle ne traiterait un homme de cette façon...

Quand Sophie vient me voir avec Jean, elle est en train de constater avec horreur qu'elle rejoue l'histoire de sa mère, dans un schéma de répétition extrêmement puissant : elle est la mégère qui reproche à son homme d'être toujours fourré en Bretagne, et à sa belle-mère de tout manigancer pour qu'il ne puisse pas faire autrement. Ce à quoi Jean répond qu'il n'y va pas si souvent, mais qu'il ne peut pas laisser tomber sa pauvre mère déprimée qui pleure la mort de son fils, ni son père et sa sœur qui supportent ce chagrin quotidiennement.

Leur dernière scène a été terrible : il est urgent qu'ils déménagent avant la naissance des jumeaux, et Sophie visite des logements, en regrettant vivement que Jean ne participe pas de façon plus active à cette recherche. Elle sélectionne deux appartements, très différents l'un de l'autre, qu'ils vont revoir ensemble. Il n'en dit rien de très tranché. Pour l'aider à choisir, elle lui demande : « Lequel des deux te fait le plus rêver ? » La réponse de Jean est immédiate : « Rêver ? Comment veux-tu que je rêve d'habiter à Paris ? Moi, tu sais bien ce qui me fait rêver, c'est de voir la mer... »

Sophie part en furie. Parce que ce qu'elle entend, c'est que ce qui fait rêver Jean, c'est de voir sa mère, plutôt que de voir leur propre famille naître et se construire. Lui ne comprend pas sa fureur : il l'a choisie, elle ! C'est avec elle qu'il fait des enfants, avec elle qu'il s'engage dans l'avenir. Il ne voit pas en quoi se préoccuper de sa pauvre mère déprimée peut nuire à cet engagement. D'autant que Sophie sait, parce qu'il le lui a raconté, combien il s'est battu avec elle, durant son adolescence, pour se libérer de son emprise. Jean est bien loin d'imaginer sa mère comme une femme idéale à laquelle Sophie devrait ressembler. Mais pour lui, c'est une question de loyauté : on ne laisse pas tomber une maman endeuillée...

Le diagnostic de Sophie est clair : le problème, c'est que Jean n'est pas détaché de son invasive de mère, en partie parce que son mollasson de père n'a pas fait son boulot. Et la solution, c'est qu'il devienne enfin un homme : qu'il arrête d'appeler et de filer en Bretagne à tout bout de champ ; qu'il se concentre sur leur propre famille.

Mon diagnostic, à moi, est plus nuancé : l'autre problème, c'est que Sophie non plus n'est pas détachée de l'image de son invasive de mère à elle. On pourrait dire que ce sont leurs deux mères qui sont trop présentes dans leur vie. Ou plutôt la représentation qu'ils en ont. Mon travail est de les accompagner peu à peu dans ce détachement, de les aider à devenir des adultes, capables de quitter les familles d'où ils viennent – et toutes les représentations qui y sont liées – pour qu'ils puissent créer leur propre famille. C'est la fonction indispensable de la séparation : quitter sa famille, son institution d'origine, pour en inventer librement une nouvelle. S'ils y parviennent, Jean et Sophie n'auront plus à s'écharper sur le nombre de coups de fil ou de week-end passés en Bretagne. Cela n'aura plus d'importance. La séparation n'est pas géographique, mais intérieure. Sophie n'aura plus besoin de rejouer sans cesse la fureur de sa propre mère ; Jean n'oscillera plus entre vivre à Paris ou au bord de la mer(mère)...

Jean et Sophie ont à comprendre que le détachement n'est pas la rupture ; ça n'empêche pas de continuer à aimer et à voir sa famille. Ce dont il est question ici, c'est du détachement psychique, qui permet de ne plus se sentir en relation de dépendance avec sa famille, et de sortir d'un rapport infantile avec ses propres parents et, par conséquent, avec le reste du monde. Si on ne quitte pas cette dépendance infantile, on est dans le même état d'esprit avec son conjoint qu'avec l'ensemble de la société dans laquelle on vit : le maire de sa commune, son patron, le président de la République, et tout représentant d'une autorité... Les enfants n'intériorisent pas le processus d'autorité : il est forcément à l'extérieur d'eux. C'est ce qui les rend dépendants de leurs parents, des grandes personnes et de tout ce qui leur est extérieur en général. En grandissant, ils peuvent peu à peu cesser d'être passifs, assistés, et d'une certaine manière « victimes » de tout ce sur quoi ils n'ont pas prise. Ils gagnent leur indépendance...

Dans le fond, le vrai travail qu'ont à accomplir Jean et Sophie, Raphaël et Élisa et chacun d'entre nous, n'est pas tant de devenir « un homme » ou « une femme » que de devenir un adulte, séparé de sa famille d'origine. Et le vrai problème que nous avons à affronter depuis quelques décennies, c'est que cette séparation n'est plus prise en charge ni par nos pères ni par aucune autorité institutionnelle faisant office de figure paternelle. C'est en soi, et dans la relation à l'autre, dans le couple que nous fabriquons, qu'il faut trouver quelque chose qui nous détache...

La place des hommes

L'histoire de Lia et Antoine est une autre illustration parfaite de la nécessité vitale de séparation. Quand ils viennent me consulter, ils sont au bord de la rupture. Lui a quarante-cinq ans. C'est un homme d'affaires d'origine méditerranéenne, une sorte de géant, viril et responsable. Il pilote des planeurs, saute à l'élastique, et combat des requins dans les eaux du Pacifique, pour rire. Elle a trente-deux ans. Gracieuse miniature coréenne, elle a été adoptée à l'âge de huit ans par une riche artiste célibataire, dont le fils unique de vingt ans avait déjà quitté la maison.

Antoine et Lia se connaissent depuis trois ans, élèvent leur nourrisson de dix mois, et vivent un enfer quotidien, une scène de ménage permanente dans laquelle ils se consument avec ténacité. De la bouche délicate de Lia sortent des bordées d'insultes sans fin : « Tu es une loque, un nul, un pédé, un impuissant, un toutou à sa maman. » Antoine fait le dos rond, la supplie de se taire, avant de finir par la gifler, excédé. Ce qui provoque un appel immédiat de Lia à son avocat pour qu'il prépare les papiers du divorce. À moins que le bébé ne commence à hurler, mettant provisoirement fin à la scène, non sans conforter sa maman dans l'idée que ce père monstrueux va définitivement le traumatiser.

Mais qu'Antoine inflige-t-il exactement à Lia pour qu'elle plonge dans une telle fureur ? À première vue, absolument rien. Et, contrairement à ce que pourraient laisser croire les invectives de sa compagne, ça n'est pas du tout dans leur vie sexuelle, particulièrement épanouie, qu'il faut chercher une explication, mais plutôt, une fois encore, dans leurs histoires familiales.

Antoine a perdu son père, un diplomate très respecté, lorsqu'il avait quatorze ans. Aîné de quatre enfants, adulé par sa mère, il est très vite propulsé au rang de compagnon, confident privilégié et chef de famille. Il soutient l'un, réprimande l'autre, sacrifie son adolescence sur l'autel familial. Il gagne vite et bien sa vie, organise les études, les mariages, et installe sa mère dans un confortable appartement, où il vient lui rendre visite chaque jour, tout en s'autorisant par ailleurs une vie mouvementée de séducteur infatigable.

Lia a connu une petite enfance tragique, un abandon paternel puis maternel, les familles d'accueil et l'orphelinat. Son adoption par sa nouvelle mère, artiste de renom, est une lune de miel qui vire rapidement au cauchemar : la petite fille se sent prise au piège par cette femme qu'elle ne tarde pas à voir comme un monstre, une sorcière dont elle se sent le joujou, et qui cherche à lui imposer une nouvelle identité. Lia enrage, tempête, fugue, vole, s'automutile, transforme leur relation en un interminable procès d'intention. Seul le frère aîné, quand il est présent, arrive à restaurer pour quelque temps la relation mère-fille, en lambeaux...

Lia devient une styliste branchée, multiplie les conquêtes, entame une psychanalyse, sans que rien de tout cela apaise la terrible relation passionnelle qui l'attache à sa mère. Quand elle rencontre Antoine, c'est comme une déflagration : elle est la femme de ses rêves, il est le prince charmant, son sauveur, son chevalier blanc.

Il faut à peine deux mois pour que s'achève le conte de fées. Les coups de fils quotidiens d'Antoine à sa mère agacent prodigieusement Lia. Elle déteste cette femme, qui le lui rend bien. Antoine, lui, ne supporte pas les conflits entre Lia et sa mère adoptive : à ses yeux, une famille doit rester unie, et les enfants sont tenus de respecter leurs parents.

La suite de l'histoire est un tourbillon sans fin de hurlements et de scènes, jusqu'au pied de l'autel où ils se marient quelques mois plus tard. Mais, aux yeux de Lia, le paroxysme est atteint le jour de la naissance de leur bébé. Depuis plusieurs semaines, décidée à mettre tranquillement son enfant au monde, elle n'a donné aucune nouvelle à sa mère. Lorsque naît le petit garçon, Antoine, fou de joie, appelle sa belle-mère qui se précipite immédiatement à la maternité. Lia pleure de bonheur, se jette dans les bras de sa maman, avant de la renvoyer en hurlant une heure plus tard : elle est décidément incapable de la comprendre. Et jamais, au grand jamais, elle ne pourra pardonner à Antoine de l'avoir trahie en faisant venir cette femme à son chevet sans lui avoir demandé son avis, la contraignant à ce corps à corps impossible au moment le plus important de son existence.

Voilà comment, en lui remettant sa mère sur les bras, Antoine a définitivement chuté dans l'estime de Lia... Voilà comment la vision sacrée qu'Antoine a de sa mère et, de ce fait, de toutes les mères se heurte à la vision monstrueuse que Lia a de la sienne et, de ce fait, de toutes les autres... Dans l'histoire de ces deux-là, l'intensité des angoisses d'abandon et la tragique absence des pères exacerbent la difficulté. Mais lorsque Lia traite Antoine d'impuissant et de pédé, elle lui dit simplement : « Tu n'es pas un homme, car tu n'es pas foutu de me séparer de ma mère, ni de te séparer de la tienne. »

On pourrait se dire que le seul moyen de remettre de l'ordre dans tout cela, c'est que chacun reprenne « sa » place, et que les hommes retrouvent leur rôle d'autorité, ministre de la transmission symbolique et haut délégué à la séparation. Après tout, ça a toujours marché comme cela, pourquoi faudrait-il qu'il en soit autrement ?

Peut-être, tout simplement, parce que nous sortons de la nuit des temps ! La fonction de séparation est indispensable. Pour grandir et devenir un adulte, tout être a besoin de quitter sa mère et sa famille. Mais il n'est pas dit que seul l'homme puisse être en charge de cette fonction. Si le monde a changé, la répartition des tâches peut, elle aussi, changer !

On peut considérer, comme un certain nombre d'imprécateurs d'arrière-garde, que c'est depuis qu'ils n'assument plus la fonction de séparation que les hommes souffrent et cherchent leur place. Mais on peut aussi admettre que ce dont ils souffrent, c'est qu'on leur reproche systématiquement de ne plus assumer cette fonction, au point de leur faire porter seuls tout le poids d'une société qui change.

Et si, enfin, la fusion n'était plus l'apanage des femmes, ni la séparation celui des hommes ? Cette possibilité nous ouvre d'autres perspectives : un monde où les hommes comme les femmes, sur un pied d'égalité, prennent en main leur destin et trouvent dans le lien qu'ils tissent quelque chose qui leur permet de se détacher de là d'où ils viennent pour créer leur propre histoire. C'est quand même autrement plus plaisant qu'un retour aux « origines ».

Liberté, égalité, réalité

« L'homme aime la femme, il la protège ; la femme aime l'homme, elle le sert. » Ce proverbe africain a le mérite d'être clair : dans les sociétés traditionnelles, chaque individu naît avec un destin tout tracé en fonction de son sexe, sa caste, son rang de naissance, la profession de ses parents, sa religion... Dès sa naissance, il évolue selon une partition écrite à l'avance. Son seul choix est de la jouer plus ou moins fort, plus ou moins vite, ou de la déchirer et, de ce fait, de devenir un fou, un agitateur, un révolutionnaire.

Dans les sociétés nouvelles, on nous fait croire que c'est l'inverse absolu. Chacun d'entre nous disposerait d'une page entièrement vierge sur laquelle il serait libre de composer sa propre partition. C'est là que se cache la grande escroquerie dont Raphaël, Élisa, Jean, Sophie, Antoine, Lia et tous les autres sont inlassablement victimes. Leurs histoires et leurs déboires le prouvent mieux que toute démonstration : nous ne sommes pas libres, et la page n'est pas vierge !

Chacun d'entre nous naît dans un réseau de significations, de représentations, de liens, de transmissions, d'identifications, d'injonctions qui nous encombre et nous porte à la fois. Et, si ce matériel génétique, cet héritage familial, culturel, environnemental ne constitue plus une prison institutionnelle dans laquelle nous sommes sommés d'évoluer, il esquisse au moins les portées et les tonalités avec lesquelles nous composons notre propre musique. Et c'est tant mieux ! Personne ne vient de rien ni de nulle part. Les liens sociaux ne sont pas forcément un nœud coulant qui étrangle, ou un filet qui enserre. Ils sont aussi la structure à laquelle on peut se raccrocher pour ne pas tomber ; la trame sur laquelle on peut s'appuyer pour tisser sa propre identité.

Tant que les couples n'auront pas conscience de ce « mille-feuilles » dont est composé chacun d'entre eux ; tant qu'ils chercheront soit à s'en dégager désespérément, soit à l'ignorer aveuglément, plutôt qu'à le reconnaître pour chercher à en faire, ensemble, quelque chose de créatif, ils en seront victimes. Quand la crise arrive, c'est comme si toutes les strates qui constituent chacun des deux individus du couple remontaient à la surface pour s'y cristalliser. Même si Raphaël ne veut pas mépriser Élisa, son arrogance de petit coq italien lui dit que c'est tout de même « dans la nature des choses » qu'il soit plus brillant qu'elle. Jean ne sait pas qu'il peut se détacher de sa mère sans la trahir. Et Antoine, quand il appelle sa belle-mère depuis la maternité, pense que c'est la place d'une mère d'être au chevet de sa fille qui vient de devenir mère, et que c'est son rôle d'homme de veiller sur toutes ces (ses ?) femmes.

Dans les couples d'aujourd'hui, issus de générations de couples patriarcaux, la position d'égalité est encore très fragile. Parvenir à la maintenir exige de chacun une énergie permanente. Lorsqu'ils se demandent qui doit faire quoi et comment, la vraie question qui les agite, c'est : qui a besoin de qui ? Qui est dépendant de qui ?

Qui est supérieur ou inférieur ? Et surtout : qu'est-ce que je vaux pour lui, pour elle ? Quelle est ma vraie valeur ?

Au fond d'elle-même, Élisa ressent, depuis qu'elle le connaît, que Raphaël est trop beau, trop brillant, trop merveilleux pour elle. Et qu'elle doit fournir un effort constant pour qu'il reste. Petite fille née sous X, elle attend qu'il la désire, qu'il la choisisse enfin, et qu'il l'exprime clairement, souvent, sans ambages... Lorsqu'elle part travailler trois semaines aux États-Unis, elle lui envoie des mails tendres et amoureux. Il met longtemps à répondre. Elle reçoit un jour un magnifique mail d'amour, qui contient tout ce qu'elle espère de lui. Quand elle rentre en France pour le retrouver, cœur battant, elle pense que tout va enfin changer, puisqu'il l'a dit. Mais non. Tout est comme avant...

Raphaël, lui, ne sait pas ce que c'est que n'être pas désiré : depuis qu'il existe, des femmes l'aiment et l'admirent. Il a l'impression de donner à Élisa ce qu'un homme doit donner à sa femme. Il l'estime, ne la trompe pas, l'aime sincèrement et pense évoluer avec loyauté dans le système égalitaire qu'ils ont choisi. En échange de quoi, il attend qu'on respecte son indépendance et son autonomie. Quand ils décident, ensemble, d'acquérir une chambre de bonne au dernier étage de l'immeuble où ils habitent pour qu'il puisse y installer son bureau et travailler en paix, ils pensent avoir trouvé une solution. Mais Raphaël passe peu de temps dans ce bureau-là. Il a toujours une bonne raison de rester à l'appartement. Et tout est comme avant.

Je pourrais multiplier à l'infini ces histoires de couples libres et égalitaires rattrapés par la réalité. Non pas la réalité de l'impossible ou illusoire égalité des sexes, que d'aucuns voudraient promptement voir remplacer par leur si « naturelle » complémentarité, mais bel et bien la réalité d'un face-à-face complexe entre deux individus, chacun doté d'une identité sexuée, certes, mais aussi d'un lourd patrimoine et d'un héritage parfois encombrant. Les couples homosexuels en sont la parfaite illustration : exactement comme les couples hétérosexuels, ils se heurtent inévitablement, à un moment ou à un autre de leur cheminement commun, à la délicate et douloureuse question de l'altérité. Qui des deux aime le plus ? Qui des deux tient le plus à ce couple ? Qui des deux s'y investit le plus ? Qui de deux en est le plus dépendant ?

C'est à l'aune de la dépendance de l'autre, et sur l'estimation de la valeur de chacun, que se mesure vraiment le pouvoir. Et cette question-là, homme ou femme, nul n'en est dispensé.

Et moi, et moi, et moi

« Confusion des sexes », nous dit-on. Les hommes souffriraient d'une féminisation de la société, qui les priverait de leur virilité et de leur équilibre. La disparition des contraintes, des codes, des règles, de la morale et de la famille serait la source de tous nos maux, et surtout de ceux des hommes d'aujourd'hui.

C'est à la fois juste et faux. Il me semble que ce dont nous souffrons n'est pas tant de cette confusion que d'une narcissisation de la société tout entière. Effectivement, beaucoup de contraintes ont volé en éclats, nous poussant à nous considérer comme des individus autonomes et tout-puissants, libres de choisir leur destin et de se déterminer le plus indépendamment possible. Au point, peut-être, de remplacer la souffrance créée par ces contraintes par une autre souffrance, provoquée par un excès de liberté. Après avoir tout subi pendant des siècles, nous voici sommés de tout choisir, tout le temps ! C'est ce que le sociologue Alain Ehrenberg appelle joliment « la fatigue d'être soi ». En l'absence de toute règle établie, chaque individu dépense une énergie considérable à tenter de définir les siennes, qui pourraient lui redonner une consistance. C'est ce qui se passe, de plus en plus, dans les couples : ils ont à inventer les liens qui les unissent. Et à les redéfinir, constamment ; à les re-choisir à l'infini. C'est épuisant !

C'est même plus qu'épuisant : cela peut conduire, parfois, vers une régression narcissique très difficile à gérer. Quel est le moment de sa vie où l'individu se sent le plus puissant ? Où ses désirs sont des ordres, et où le monde entier tourne autour de son bien-être ? La toute petite enfance. C'est le temps où le bébé se fabrique à partir de ce noyau narcissique. Le temps où il est omnipotent ; où l'autre n'existe pas, sauf pour répondre à ses propres besoins. À peine a-t-il savouré cette toute-puissance qu'elle est compensée par une terrible réalité : il est le roi du monde, peut-être, mais il est aussi totalement dépendant des adultes qui prennent soin de lui. Ainsi le petit Narcisse se trouve-t-il douloureusement cantonné entre toute-puissance et impuissance, une situation angoissante et intenable, dont il se sort progressivement en se reconnaissant dans une interdépendance avec l'autre. En quittant ce narcissisme qui l'emprisonne dans le système binaire et invivable où « toute-puissance-moi-je suis tout » s'oppose à « impuissance-pas moi-je ne suis rien », il devient, petit à petit, un individu social et sociable, équilibré, communicant, capable d'échanger ; un homme qui a besoin des autres sans s'en sentir dépendant, bref, un individu désirant.

De plus en plus de patients, adolescents et adultes, souffrent de pathologies narcissiques et oscillent en permanence entre des positions de toute-puissance et d'impuissance. Comme s'ils étaient redevenus des nouveau-nés qui sont tout, puis rien ; comme s'ils refusaient de renoncer à quoi que ce soit – et, notamment, à abandonner le masculin ou le féminin, pour rester « tout » sans se différencier ; comme s'ils ne pouvaient pas admettre cette interdépendance nécessaire (et parfois très agréable !) à l'autre. Une fois encore, les marges éclairent le centre : cette augmentation de pathologies si particulières (dans lesquelles on retrouve notamment l'anorexie ou la toxicomanie) renvoie à l'hypernarcissisation de la société tout entière. Les enfants sont tellement élevés dans l'idée qu'ils sont les enfants du désir, qui comblent tous les vides de leurs parents ; tellement désirés et désirables ; tellement désirants, qu'ils sont finalement confrontés à l'impossible.

« J'ai peur d'être dépendante de mon homme » titrait, il y a quelque temps, la couverture d'un grand magazine féminin. Être centré sur soi, totalement autosuffisant, pour un homme, c'est ne pas avoir besoin d'une femme ; pour une femme, ne pas avoir besoin d'un homme ; et pour tous, hommes et femmes, ne pas avoir besoin d'un autre ! Ou alors, un « autre » lui aussi autosuffisant, désiré et désirable, qui ne serait là que pour combler un vide, tous les vides ! Comment envisager sa place dans un couple, en ce cas ?

Ne pas prendre en compte la dimension sociale du narcissisme nous mènerait à ignorer ce qui abonde dans la vie quotidienne : terreur de la dépendance à autrui associée à une angoisse du vide et de la solitude, immense rage réprimée et désirs oraux impétueux et insatisfaits. Et qui s'associe à des traits caractéristiques de la société contemporaine comme la peur intense de vieillir, la perception différente du temps, la fascination de la célébrité, la peur et l'exaltation de la compétition. S'il est un processus qui gomme les différences entre les hommes et les femmes, c'est bien celui-ci.

Je me souviens très bien de l'arrivée de Luc et Adèle, parce qu'ils étaient très beaux, tous les deux. La trentaine épanouie, l'air heureux et bien dans leur peau. Ils venaient juste pour un conseil : en cours de séparation, ils s'interrogeaient sur les bienfaits de la garde alternée pour Victor, leur petit garçon âgé de sept ans. Plus je les écoutais parler, échanger, s'expliquer l'un et l'autre avec tendresse et respect, plus j'étais interloqué : de tous les couples que j'ai reçus dans ma carrière, je crois bien que c'est celui qui dégageait la plus profonde harmonie. Une jolie fluidité, douce et tranquille ; une réelle attention à l'autre ; un rêve de couple, en quelque sorte !

J'ai fini par leur demander, un peu gêné de ma curiosité puisque ce n'était pas leur demande, pourquoi ils se séparaient. Et ils m'ont raconté leur histoire. Ils se connaissaient et s'aimaient depuis presque dix ans. S'étaient offert, pour commencer leur vie commune, deux ans de tour du monde, sac au dos. Amour, eau fraîche, « et presque aucune engueulade ! », précise Adèle en riant. Une fois rentrés en France, ils ont trouvé l'appartement de leur rêve, ont chacun évolué et réussi dans leur métier respectif, et ont, finalement, décidé d'avoir un enfant. Victor est né ; bonheur absolu. Ils deviennent parents avec joie – et, d'après ce qu'ils me donnent à voir ce jour-là, s'accommodent au mieux de ce nouveau rôle. La vie passe, sans gros accrocs. Un jour, lors d'un déplacement, Adèle a une petite aventure avec un collègue de passage. En rentrant, elle en parle à Luc, qui lui avoue à son tour une petite histoire déjà terminée. C'est là qu'ils se rendent compte avec désolation qu'ils sont allés chercher ailleurs le flamboiement et les grandes envolées qu'ils ne trouvent plus dans leur couple. Adèle raconte avec nostalgie les émerveillements de leur tour du monde ; Luc enchaîne sur l'aventure que représentaient, pour eux, la grossesse et la parentalité ; ils se regardent avec tristesse et regret : ce qui leur manque, c'est la chamade. Les désirs fous. L'inconnu... Voilà pourquoi ils se séparent : pour être libre, chacun, de vivre sa vie, ses désirs, son destin personnel. Ils préservent leur couple parental en cherchant ensemble la meilleure solution pour Victor, mais abandonnent leur couple conjugal en espérant pouvoir être à nouveau épanouis, comblés, et heureux par un autre couple, une autre aventure...

Je n'ai plus eu de nouvelles de Luc et Adèle pendant près de deux ans. Et puis un jour, Luc a pris rendez-vous, tout seul. Victor allait bien, mais lui était aux prises avec de graves difficultés existentielles. Dévasté, perdu, malheureux, seul ; aussi impuissant qu'il avait été tout-puissant. Vide.

Adèle file le parfait amour avec un homme que Luc connaît bien, avec qui il avait eu l'occasion de travailler quelques années auparavant. En proie à une insatisfaction vague et diffuse, à la sensation d'une vie atone et sans but, à des ressentis tenaces de vide et d'angoisse, il « ne se reconnaît pas » lui-même. Son métier l'ennuie, il éprouve une difficulté croissante à s'entendre avec les autres. Il ressent douloureusement le besoin de « s'accrocher » à Victor, et ne supporte plus les séparations occasionnées par la résidence alternée. Mais lorsque Victor est là, il lui « prend la tête », il est trop capricieux, il l'empêche de vivre. Des vagues de rage destructrice contre lui-même et contre autrui l'envahissent, le submergent et l'inquiètent considérablement. Le contraste entre le Luc d'aujourd'hui et le jeune homme enjoué, séduisant et sûr de lui, que j'ai rencontré il y a plusieurs mois, est particulièrement saisissant. N'est-il pas atteint des effets secondaires d'une « pathologie de la liberté » ?

Jusqu'à quel point l'amour se doit-il d'être l'unique fondement des liens de parenté et d'alliance ? Dans la souffrance de sa solitude, dans cette ambivalence douloureuse qu'il ressent pour son fils, Luc mesure après coup ce superbe défi de nos contemporains qui se voudraient les seuls forgerons de leurs liens affectifs. C'est précisément cette illusion qui alimente cette immense « fatigue d'être soi ». Dans la légende, Narcisse pleure quand il prend conscience qu'il est lui-même l'objet de son amour. Il veut alors se séparer de sa propre personne et se frappe jusqu'au sang avant de dire adieu au miroir fatal et de rendre l'âme.

Pour un psychanalyste, le narcissisme est plus qu'un terme métaphorique pour désigner une obsession de soi ; c'est une forme de régression psychique dans laquelle l'amour rejeté se retourne contre le moi sous forme de haine. Le narcissisme primaire permet certes d'investir sa propre personne comme objet d'amour, et d'établir les bases solides d'une bonne estime de soi précédant la capacité à se tourner vers les autres. Mais le narcissisme secondaire, le repli narcissique que Luc est en train de subir, est une régression insupportable qui rend le sujet plus vulnérable ; le désinvestissement de l'autre expose en effet à des angoisses très menaçantes. Le narcissisme est alors plus proche de la haine que de l'admiration de soi.

L'histoire de ce jeune couple m'est apparue exemplaire d'un mouvement de fond, d'une logique de l'individualisme et de la poursuite éperdue du bonheur qui mène à l'impasse de l'obsession narcissique, de la gratification immédiate, du désir inquiet et perpétuellement inassouvi. La conjugalité se décolle irrémédiablement de la parentalité. Les forces centrifuges qui disloquent les couples s'opposent aux forces centripètes qui soudent chaque parent à « son » ou à « ses » enfants dans un lien surinvesti et anxieux. Ce qui me revient comme un leitmotiv dans les thérapies conjugales est cette exigence de liberté, cette injonction à être soi, ce rêve mythique d'un individu souverain, seul maître de son destin. L'amour a pris une dimension mystique. En transcendant les individus, la véritable passion se doit d'ignorer la contrainte, la critique ou la transformation.

Dans ce contexte, la représentation du contrat conjugal a complètement changé. En quelques années, nous sommes passés du CDI au CDD : l'idée même de la séparation fait partie du contrat initial comme une figure moderne du destin. Et l'injonction « ne restez pas ensemble pour les enfants, ils en souffriront plus tard » a largement été entendue. Jusqu'à quel point ?

Et l'amour, dans tout ça ?

À quoi rêvent les hommes ? Ils rêvent d'amour éternel, et ils l'assument de plus en plus. Mais ils oublient, tout comme leurs compagnes, de rêver à un couple qui leur permette de se séparer de leur père, de leur mère, de leur famille pour créer, pour inventer leur vie, se différencier et ne pas s'enliser indéfiniment dans des conflits infantiles qui bloquent leur maturation. Nous sommes passés sous le régime de l'autorité conjointe. L'autorité figure au mieux le processus de séparation. Les hommes, et c'est tant mieux, n'ont plus le monopole de la fonction symbolique. Cette fonction est censée s'exercer dans et par le couple. Elle ne concerne pas que l'éducation des enfants, mais ce travail, qui depuis toujours fut l'apanage des hommes, de permettre le détachement d'une famille pour en fonder une autre, d'autoriser la séparation d'avec les enfants pour qu'ils trouvent leur autonomie. Si les couples exercent sans difficulté leur fonction de « couple-mère » nourri d'intimité et d'échanges affectifs, ils rechignent davantage au rôle de « couple-père » susceptible de séparer, mettre des frontières, transmettre, transformer, symboliser.

Le couple de Luc et Adèle a tenu presque dix ans avant qu'ils ne décident de se séparer et de partir vers de nouvelles aventures, pour l'épanouissement de chacun. Mais je reçois de plus en plus de jeunes couples comme celui de Romain et Violaine, dont l'histoire ouvre ce livre. Ils se connaissent depuis trois ans, parfois quatre, et veulent que « ça marche ». Si « ça » ne marche pas, ils tentent une thérapie de la dernière chance avant de tout jeter et de recommencer, un peu plus loin, avec quelqu'un d'autre.

Mais pourquoi ? Si le couple conjugal n'est plus institutionnellement lié au couple parental, s'il n'est plus nécessaire à la constitution d'une famille, à quoi sert-il ? Et, finalement, a-t-il encore une raison d'être ?

Et d'abord, comment se choisit-on ? Les psys ont beaucoup développé – et je ne fus pas le dernier – l'idée qu'un couple se constitue sur une sorte de « contrat thérapeutique ». On choisit à son insu quelqu'un doté d'une névrose complémentaire à la sienne pour s'aider l'un l'autre, se soigner l'un l'autre, sortir de sa famille, avancer, évoluer, se libérer de certains schémas transmis ; on passe avec lui un contrat conjugal implicite, pour composer un couple d'aujourd'hui. Des couples se fondent ainsi sur une très forte attraction mutuelle autour d'une problématique commune, mais des rôles différents s'organisent autour de cette problématique : un des deux partenaires va se sentir victime du problème, tandis que l'autre va adopter une attitude beaucoup plus active de thérapeute de son conjoint. Ainsi, Antoine et Lia partagent profondément le même ressenti face à l'envahissement maternel. Mais c'est Antoine qui prend en charge la problématique de Lia. Jusqu'à la crise...

Ce contrat initial paradoxal se résout en effet dans les crises que traversent tous les couples s'ils décident de s'accrocher au bastingage et d'affronter les remous. Ils trouvent alors d'autres modalités d'être ensemble, certes moins passionnelles, mais bien plus constructives. Mais la plupart des couples jettent aujourd'hui l'éponge dès l'avis de tempête. Le pouvoir dans le couple n'appartient plus aux hommes : le pouvoir de l'indifférence, et donc de la rupture, n'a pas de sexe.

Marc est un de mes patients, depuis longtemps. Cultivé, sophistiqué, homosexuel, grand amateur d'art et de raffinement, il finit néanmoins par commettre une indélicatesse financière qui le conduit en prison pour quelques mois. À sa libération, il vient me raconter son incroyable séjour. À peine arrivé en détention, il fait connaissance du codétenu avec lequel il passera la totalité de son incarcération : Gérard, la caricature de son pire cauchemar. Une sorte de brute épaisse presque illettrée, tatouée, inculte, homophobe, condamnée pour violences graves. Tout ce qu'il redoutait... Et pourtant, par la force des choses et de la promiscuité, Marc et Gérard ont réussi à créer des liens très forts et très affectueux – sans aucune sexualité. Ils ont beaucoup échangé et appris l'un de l'autre, se sont aidés et soutenus. Cette rencontre, totalement improbable ailleurs que dans ces circonstances, a produit une sorte de contrat thérapeutique ni prémédité ni conscient, dans lequel chacun a pris soin de l'autre en lui apportant ce qu'il avait à sa disposition. De ce contrat tacite est né un lien très fort, qu'aucun des deux ne renierait, une fois sorti... Peut-être diraient-ils même, à l'instar de ma grand-mère, « je l'ai aimé, puisque nous avons partagé notre cellule » !

Faut-il mettre les couples en prison pour les aider à affronter les premières crises, cette prison dont les hommes ont de tout temps détenu la clé ? Marc et Gérard n'avaient aucune idée, ni même aucune envie, de ce qu'ils pouvaient avoir affaire ensemble. Ils ont trouvé, néanmoins, une solution créative et sans *a priori* dans laquelle chacun a sa place. Ça pourrait être une assez bonne définition d'un tandem réussi ! Avant même de construire un couple, la plupart des gens ont une idée très précise de ce qu'il doit être. Les sites de rencontre sur Internet en sont une belle illustration ! On remplit un profil type et questionnaire détaillé ; on préchoisit son partenaire idéal avant même de savoir s'il existe. Et on évolue autour de scénarios prédéfinis, dans lesquels l'autre a une place délimitée à l'avance, dans une sorte de rôle thérapeutique : on espère pouvoir s'appuyer sur lui, pour aller mieux, ou plus loin... Cette idée de binôme thérapeutique peut devenir un vrai piège, si elle est mal comprise, prise au pied de la lettre, ou développée comme une stratégie !

Même si on comprend de mieux en mieux le psychisme humain, et ses incidences sur les comportements ; même si on peut écrire un livre entier – moi et des dizaines d'autres spécialistes ! – sur ce qui constitue les hommes, ce qui les retient et ce qui les grandit, ce qui les construit et ce qui les détruit ; il faut se rendre à une évidence : les raisons qui poussent des partenaires l'un vers l'autre, et qui font qu'ils tombent amoureux au point de faire couple, sont multiples, complexes, et bien souvent immaîtrisables. Et lorsqu'on mesure les complications que cela provoque dans une existence, on peut légitimement se demander pourquoi nous nous échinons, les uns et les autres, à rêver de couples parfaits – ou, du moins, « réussis ».

Une seule réponse semble de mise : c'est pour l'amour, bien entendu ! Le couple, ça sert à s'aimer, à rendre l'autre heureux, et soi-même, dans la foulée ; à être bien ensemble. Un peu comme Luc et Adèle ou Violaine et Romain, à leurs débuts : une sorte d'explosion fusionnelle où chacun est cet être merveilleux dont on a toujours rêvé pour être enfin complet ; la parfaite réponse à nos plus profondes aspirations. Il faut généralement entre un et trois ans pour atteindre l'acmé de la passion amoureuse. Après quoi, on commence à être un peu moins projectif et à voir l'autre et les choses telles qu'elles sont : réelles, et décevantes, souvent. Il est alors temps de décider si cet autre, réel, est celui avec qui on souhaite continuer. Si l'on persiste à se convenir l'un à l'autre. Si on a envie d'abandonner fantômes et scénarios prédéfinis pour s'engager vraiment dans une aventure commune.

Et d'ailleurs, quelle aventure ? C'est le moment où, d'objet central du couple, l'amour devient pour lui un outil ; un moyen plutôt qu'un but. Le moteur d'un projet qui, en plus d'être conjugal et amoureux, devient professionnel, artistique ou, le plus souvent, familial. On achète ou on construit une maison ; on fait des enfants ; on s'engage dans une action commune.

Ce vers quoi tendent les couples d'aujourd'hui, c'est d'être pour chacun un espace de fusion, de corps à corps, d'intimité – toutes ces choses réputées féminines – qui serait comme un port d'attache d'où l'on part vers l'extérieur pour aller transformer le monde – toutes ces choses réputées masculines. Une sorte de mélange équilibré de ces deux idéaux, présentés comme antinomiques ; une sorte de réconciliation avec la bisexualité psychique de chacun. Pour cela, il faut savoir sortir de la mythologie de l'amour-fusion, qui considère comme trahison tout ce qui donne du plaisir à l'extérieur. Et se construire un équilibre difficile à trouver, et à conserver.

Dans cette recherche, pour le moment, et pour toutes les raisons que je viens d'expliquer, l'homme souffre souvent plus que la femme. En se tournant vers l'intimité et l'intériorité, les hommes, pétris de réflexes dominateurs millénaires sur lesquels ils se sont construits, qu'ils le veuillent ou non, prennent le risque inouï et inconscient de perdre leur virilité. Alors que les femmes, en partant à l'assaut du monde extérieur qui leur fut si longtemps interdit, ont eu tout à gagner ! C'est sur ce terrain glissant et encore instable que se construisent les couples d'aujourd'hui, sans toujours bien mesurer l'exploit qu'ils ont à accomplir ! Il me semble qu'il faudra du temps, et quelques générations encore, pour tranquilliser la peur des hommes, et qu'ils s'offrent la liberté d'aborder sans angoisse existentielle, et pour le temps qui leur convient, l'espace intime du couple auquel ils ont enfin accès. Alors, n'en déplaise aux oiseaux de mauvais augure, le couple ne sera plus le ring sur lequel s'affrontent hommes et femmes dans un rapport de force sexué, mais bel et bien un terrain de jeux sur lequel évoluent deux individus, forcément « autres », dont les différences se répondent et se complètent. Et il est certain qu'à ce jeu, chacun sera gagnant.

5.

Au nom du père

« Le père nomme, ni plus ni moins, l'enjeu qui lie en Occident religion et politique. La question du père lie indissolublement la question du pouvoir et celle du sujet : elle représente une manière de définir une relation au pouvoir, calquée sur les liens qui s'établissent avec la figure paternelle. »
Michel Tort, *Fin du dogme paternel.*

Jérôme a quatre ans. Il mène à la baguette son petit frère Richard, deux ans. Le malmène au point que toute la famille se retrouve dans mon cabinet. « Moi, ça me dépasse, explique Joseph, le père. Je ne sais pas quoi faire. De toute façon, tous les frères se chamaillent. » « Il est incapable d'avoir la moindre autorité sur ses fils, se plaint Flore, la mère. Je suis obligée de tout me coltiner. »

Nous y revoilà : en plus de ne plus être de « vrais hommes », les hommes ne seraient plus non plus de « bons pères ». Comme Joseph, de plus en plus d'entre eux sont dépassés, ne savent pas quoi faire, ne veulent plus crier, n'osent pas toujours câliner, ou s'en contentent pour, si ça se complique, finir par laisser tomber. Et, naturellement, se le voient le plus souvent reprocher par la mère de leurs enfants.

En trente ans de pratique de thérapie familiale, j'ai réellement pu observer comment les choses se sont inversées : il y a encore une quinzaine d'années, lorsque la famille allait mal, que les enfants montraient des difficultés ou des signes de souffrance, la mère en endossait la responsabilité, de manière tacite ou même, carrément, explicite. Dans les mêmes circonstances, Flore serait venue m'expliquer : « Je ne sais pas ce que je fais de travers pour que Jérôme soit si violent. » Et Joseph aurait sans doute répondu : « Tu fais tout ce que tu peux, mais ça n'est pas un enfant facile. » D'un commun accord, ce qui se passait à l'intérieur du foyer reposait sur les épaules de la mère, qui en portait toute la responsabilité. Au point, par exemple, d'accuser des générations de mères d'avoir rendu leurs enfants autistes ou anorexiques, sans que personne y trouve rien à redire !

Le père, lui, avait en charge la transmission et la séparation : l'autorité. Mon père m'a raconté son enfance à l'ombre de son père, un homme doux et affable. Quand le ton montait entre les enfants et que ma grand-mère n'arrivait plus à rétablir un ordre même approximatif, elle en appelait à lui. Il suffisait qu'il baisse un peu ses lunettes, et, sans rien dire, qu'il regarde ses enfants par-dessus la monture en fronçant légèrement les sourcils pour que le calme revienne immédiatement. Sans hurlements, sans menaces, sans fessées ; mais aussi sans embrassades, sans mots doux, sans gestes tendres. Le père de mon père était exactement ce qu'on attendait qu'il soit : un chef de famille, un patriarche, garant d'une autorité incontestée et incontestable. Comme la plupart des autres pères de cette époque... Mais depuis que les choses ont changé – tellement changé –, que reste-t-il des pères ?

La plupart des discours sur l'affaiblissement des hommes et la dégradation de leur virilité s'appuient sur le « déclin des pères » associé à la montée du pouvoir redoutable des mères, à une « maternisation » de la société responsable de tous nos maux. Ces discours se fondent sur un paradoxe plutôt déconcertant : plus le père est présent auprès des enfants, moins il occupe sa place ! Traduction : plus le père est proche de l'enfant, plus il « materne », plus les relations fusionnelles dans la famille empêchent l'instauration d'une autorité séparatrice. Si le diagnostic de trop grande fusion familiale, tel que je l'ai largement développé dans *Quand la famille s'emmêle*, me paraît juste, la sexualisation de ce processus en termes de masculin et de féminin me paraît en revanche tout à fait arbitraire : une fois encore, revoilà le pseudo-« ordre naturel » qui refuse de prendre en compte l'évolution profonde des hommes et des femmes depuis un siècle...

Cette contradiction s'éclaire en partie par une évidence : parler de père aujourd'hui revient à évoquer deux instances profondément hétérogènes, les papas, avec un p minuscule, et les Pères, dotés d'une majuscule. La différence entre les deux est la même qui sépare l'appendice pénien qui pend entre les jambes des garçons et le redoutable Phallus, symbole incontesté du Pouvoir (que de P majuscules !).

Les papas...

Le papa est facilement reconnaissable : il s'agit de l'individu incarné qui élève un enfant et l'accompagne dans sa vie quotidienne. Depuis une ou deux générations, en plus d'exiger fermement que cette chambre soit enfin rangée, et plus vite que ça, il pousse aussi la poussette, change les couches, mouche le nez, donne le bain... Ce père-là est un parent qui exerce une fonction parentale, qu'il soit relié à l'enfant par un lien biologique, adoptif ou de recomposition. Sa place se fonde sur un lien affectif reconnu par l'enfant.

C'est l'enfant qui transforme ceux qui l'ont conçu en parents. La parentalité est le pouvoir qu'il a de faire d'un adulte son parent. Au départ, les spécialistes se sont plutôt intéressés au pouvoir que le nourrisson avait de transformer une femme en mère et d'ouvrir chez cette mère un certain nombre de capacités psychiques d'accueil et de compréhension ; c'est ce que les Anglais ont appelé *motherhood*. Ces compétences et capacités ne s'inventent pas ; elles ne peuvent s'acquérir que lorsque l'enfant paraît.

Une fois bien défini ce concept de *motherhood*, les mêmes spécialistes ont inventé celui de *paternalité*, apparu plus récemment avec la notion de parentification ou de parentalisation. La culture s'éloigne un peu plus ici de la nature : le processus de parentalisation, sociale et psychologique, vient bouleverser la notion même de parenté, puisqu'il s'agit de prendre en compte l'influence qu'exerce le bébé ou l'environnement social sur la « sensation d'être parent » qu'éprouve une personne. L'un des résultats les plus importants de ces observations bouleverse une fois encore les idées établies, puisqu'on peut en conclure que les parents n'ont pas de sexe ! S'il est besoin d'un père et d'une mère pour faire un enfant, il n'est pas besoin de sexe pour être parent. On est à la fois mère et parent, père et parent ; la parentalité n'est pas une affaire de sexe, encore moins de choix sexuel[1] !

1. Gérard Neyrand, « Mutations sociales et renversement des perspectives sur la parentalité », dans Didier Le Gall et Yamina Bettahar (dir.), *La Pluriparentalité*, Paris, PUF, 2001.

Pour autant, la *paternalité* n'est pas l'équivalent de la maternalité. Plus les papas prennent en charge les soins corporels du petit enfant, plus ils développent des capacités analogues à celles des mères, mais, quoi qu'en disent les tenants du « c'était mieux avant », ça ne signifie en aucun cas que les pères se féminisent ! Ils acquièrent juste des compétences supplémentaires. Dans les années 1970, Daniel Balavoine, en chantant « mon fils, ma bataille, le fruit de mes entrailles », et Dustin Hoffman, en incarnant un *Kramer contre Kramer* qui s'ouvrait à une relation émotionnelle authentique avec son fils à la suite du départ de sa femme, ont représenté ces nouveaux papas néanmoins parfaitement virils...

Même si elle n'est pas acquise dans tous les milieux, l'aspiration à l'égalité entre les sexes va de pair avec une volonté de partager les rôles et les décisions. La parentification est contemporaine de ce mouvement de société qui pousse les femmes et les hommes vers la « chaleur du foyer » et le désir de bonheur partagé avec leurs enfants. Ce sont les enfants qui transforment les pères en papas, et leur permettent de développer ces compétences dites « maternelles ». Les nouveaux rapports psychologiques que les enfants établissent avec leur père et avec leur mère tendent à mettre les deux rôles en interaction : les fonctions maternelles et paternelles ne sont plus réservées exclusivement à l'une ou à l'autre.

Sur cette réalité quotidienne se superpose une autre réalité, qui nous met immanquablement en situation de conflit : nous avons conservé nos systèmes de représentation sur la place de l'homme et de la femme, du père et de la mère, et cela crée des tiraillements intérieurs particulièrement insupportables parce qu'ils touchent à une vision contradictoire des rôles sexués. Qu'ils soient conscients ou pas, ils entraînent inévitablement entre les personnes des conflits, très tangibles, ceux-là, qui viennent perturber la paix et le bonheur des familles. Une fois encore, nous portons en nous des aspirations modernes qui se frottent à des représentations archaïques. Ce qui fait de nous des sortes de poupées russes, comme s'il y avait plusieurs personnes en chacun de nous. Le tout est de savoir laquelle parle et à qui elle s'adresse !

... et les Pères

On sait toujours du ventre de quelle mère sort un enfant, même si, depuis peu, les avancées de la procréation assistée peuvent laisser planer un doute sur l'origine de l'ovule dont il provient. Mais son père ? Qui est son père ? Il y a très peu de temps que la science est capable de répondre à coup sûr à cette question : en ce sens, le test ADN, qui permet de déterminer sans contestation possible l'origine génétique de chaque individu, n'a sans doute pas fini de bouleverser les questions de paternité – j'y reviendrai un peu plus loin.

Comme pour le couple, la sexualité, et, globalement, tout ce qui constitue le psychisme de l'individu, il y a la partie visible de l'iceberg – ce qu'il veut, ce à quoi il œuvre, ce qu'il a choisi, et, en l'occurrence, quel papa il a décidé d'être, en toute conscience – et l'autre partie, bien plus obscure et pourtant très réelle avec laquelle il doit composer, le plus souvent inconsciemment : ce que la culture dit qu'un Père doit être, ce que les Pères ont transmis depuis des générations, ce qui représente, symboliquement, la Paternité...

Il y a à peine quinze ans que les hommes peuvent savoir de façon scientifique si leur descendance est bien leur descendance. Durant les millénaires précédents, ils ont dû se débrouiller autrement, ce qu'ils ont fait, avec grand succès. C'est sans doute là qu'il faut chercher l'origine de la domination du masculin sur le féminin : en s'appropriant les femmes, les hommes se réapproprient leur fécondité, et la capacité à enfanter dont les a privés la nature... Ainsi, dans toutes les cultures patriarcales, largement et mondialement majoritaires, les hommes ont dû trouver le moyen de garder la maîtrise de leur descendance en organisant, légalement et symboliquement, leur puissance paternelle. En Occident, ils ont fait au plus simple : pendant des siècles, elle tombait directement... du ciel ! Une sorte de paternité « de droit divin », dont le roi fut pendant longtemps l'intermédiaire : Dieu lui transmettait sa puissance, qu'il transmettait à son tour à tous les pères de son royaume. C'était simple, clair, bêtement pyramidal. Chez les Juifs, c'est le Père, dépositaire de la loi divine, qui la transmet à son fils, qui lui-même, une fois devenu Père, la transmettra à son fils...

Pendant fort longtemps, dans nos contrées, la réalité a collé au plus près à cet ordre symbolique : l'organisation juridique, sociale, culturelle, donnait au *pater familias* cette autorité transcendante sur les femmes et les enfants : son épouse, ses sœurs célibataires, sa mère veuve, et potentiellement tous les rejetons de ces femmes, s'ils étaient dépourvus de tuteur légal. Et même si la Révolution française s'est attaquée directement à cet ordre symbolique en coupant la tête au roi, et, de ce fait, « à tous les pères du royaume », selon Balzac, elle ne l'a pas déboulonné, loin s'en faut ! Il a quand même fallu attendre cent cinquante années supplémentaires pour que la loi fasse passer les femmes du statut d'objet à celui de sujet (ce qui semble encore incongru au père d'Aylin, et à un grand nombre d'hommes, dans beaucoup de pays). Et encore quelques décennies de plus pour qu'elle transforme la « puissance paternelle » en « autorité parentale conjointe »... La Révolution française a donné le coup d'envoi d'un très profond chambardement, dont nous encaissons, encore aujourd'hui, les ondes de choc :

c'est le début du démantèlement du patriarcat, et de la lente transition d'une société holiste, dont les groupes et les institutions étaient les piliers de l'organisation sociale, à une société individualiste, qui place l'individu libre, égal et fraternel, au cœur de son architecture.

Freud avait ainsi « promu » une certaine image du Père qui n'a rien à voir avec les pères qu'il a entendus, ou le sien, mais plutôt avec ce que doit être un père selon la culture ambiante, au moment où cette instance paternelle était fortement remise en question. La place du Père engage en effet toute l'architecture de la société autour non pas des pères réels – les papas – et de leur place dans la famille, mais du Père dans sa fonction symbolique de transmission, notamment du « nom de famille ». Le Roi, ou « Dieu le père » imprime une hiérarchie de droit divin qui rejaillit sur la place « naturelle » du père de famille. Dans la famille bourgeoise classique du début du XXe siècle, le père est quasi absent de la vie de l'enfant et, paradoxalement, c'est là que se bâtissent les théories qui le rendent hyper présent, menaçant, incontournable. Il est une figure d'identification littéralement exemplaire, une imago (c'est-à-dire un portrait de l'ancêtre) et un support identificatoire. Ce Père devient une instance psychique, un gendarme intérieur garant de la loi et de l'autorité. C'est lui qui commence à encombrer au moment de l'adolescence, quand surgit le conflit entre désir et interdit, lorsque l'ambivalence, qui était déjà présente au début de l'identification, devient évidente. La violence du conflit dépasse le personnage du père réel pour s'adresser au représentant de la loi symbolique.

Toute l'architecture de la psychanalyse repose sur la notion de « triangle œdipien ». Cette vision a le mérite d'être puissamment évocatrice : la relation à la mère est fusionnelle, sur le modèle du lien intra-utérin. La relation mère-enfant est la dyade parfaite dans laquelle chacun comble idéalement l'autre. La puissance paternelle séparatrice vient mettre de l'ordre dans tout cela pour rappeler que le plaisir partagé n'est pas la seule chose qui compte en ce bas monde, et qu'il faut passer aux choses sérieuses, comme la frustration, le manque, la castration pour mériter le désir. Tout cela pour signifier au bébé qu'il n'est pas souverain et qu'il va devoir apprendre à se soumettre à des limites.

Voilà l'idée que nous avons de ce qu'il est convenu d'appeler la place « normale » du père et de la mère vis-à-vis de l'enfant. Il s'agit d'une vision très (trop) figée : la mère est dans la fusion, dans une espèce de continuité psychique avec son bébé, et le père est le troisième larron venu de l'extérieur, qui s'immisce dans la relation entre elle et l'enfant pour les séparer. C'est de là que nous venons ! Depuis « toujours », nous sommes construits sur cet ordre symbolique qui détermine le rôle de chacun en fonction de son sexe. Directement venu du ciel – c'est plus simple –, il est inébranlable, incontestable, et garant de la pérennité de la société. Une révolution peut changer les lois en quelques semaines, quelques mois ou quelques années ; mais la démocratie a besoin de temps pour s'installer, dans des esprits à la construction si complexe qu'ils sont irrémédiablement lents à se transformer. Certains plis restent, longtemps, très longtemps... Au point de nous faire croire, parfois, que cet ordre symbolique est la nature même des choses, puisqu'il nous est donné dès l'enfance, et que nous grandissons en nous y appuyant, comme une plante sur son tuteur... Pourtant, dans cette histoire, la seule réalité qui soit incontestablement naturelle, et qui n'a pas changé, jusqu'à ce jour, c'est que seule la femme enfante !

De cet ordre symbolique naît ce qu'on pourrait appeler la « famille verticale » : une certaine idée, elle aussi tombée du ciel, donc transcendantale, de ce que doit être une famille. Elle fut jusqu'à présent patriarcale, pyramidale, bien ordonnée. Une famille dirigée par un homme, un Père tout-puissant, dont personne ne songeait à contester l'autorité, chargé de protéger, de transmettre et de séparer. Une famille que nous portons en nous depuis la nuit des temps, même si les filles mettent des minijupes et que les enfants sont plus familiers avec leurs parents...

Cette famille verticale nous est indispensable car elle est le lieu de la transmission d'une généalogie et d'une histoire, de la culture et des normes communes. Elle nous relie à nos ancêtres et à nos morts, à une religion ou à un totem, à des parents qui nous ont abandonnés ou à des donneurs de gamètes anonymes, à un nom de famille. Elle permet de transmettre ce que l'on sait, comme ce que l'on ignore, secrets de familles enkystés, deuils et traumatismes innommables ou indépassables. Elle donne du sens à la contrainte. Elle est l'univers des liens qui nous instituent comme sujets. Elle nous soumet à l'ordre naturel du monde qui nous entoure. Si nous sommes tous issus d'une lignée paternelle et d'une lignée maternelle, nous avons tous à refonder en permanence les ordres qui nous constituent et qui établissent le rapport de la nature à la culture. L'agencement des rôles sexués en fait partie. C'est une tâche délicate mais qui permettra aux hommes de ne pas se sentir amoindris dans leur nouveau rôle de père et aux femmes de ne pas leur reprocher cette mutation. Elle permettra ainsi aux parents de participer ensemble au monde de la transmission symbolique.

La famille horizontale

À cette « famille verticale » des Pères s'oppose la « famille horizontale » des papas. Elle est l'univers des relations et de la communication. Elle s'oppose à la contrainte pour instaurer le plaisir partagé, le « plus-dejouir », dirait Lacan. Elle est généralement beaucoup moins bien ordonnée, et beaucoup plus concrète. Il s'agit d'un foyer, composé d'un groupe d'individus de différentes générations, appelés à cohabiter pendant un laps de temps plus ou moins grand. Dans le plus classique des cas, il est composé d'un père, d'une mère et de leurs enfants, auxquels viennent éventuellement s'adjoindre, au fil du temps, une ou deux pièces rapportées (par les enfants), et l'un ou l'autre des grands-parents. Mais tous les sociologues le confirmeront : le foyer de cette « famille horizontale » est de plus en plus évolutif ! Ainsi, il peut être composé d'un seul parent (pour le moment, le plus souvent la mère), mais aussi de plusieurs beaux-parents, ex-conjoints, nouveaux compagnons, demi-frères, quarts de sœurs, ou encore de deux mères ou de deux pères homosexuels, mais aussi de deux beaux-pères, six grands-parents, et toutes les combinaisons possibles de recomposition familiale. Tout cela, bien entendu, pouvant changer au fil du temps et au gré de l'histoire des uns et des autres...

Dans cette « famille horizontale » où une mère a déjà du mal à retrouver ses petits, les pères, eux, s'arrachent carrément les cheveux ! Qui exerce l'autorité sur qui ? Qui décide quoi ? Quel rôle un homme a-t-il auprès de ses enfants avec qui il ne vit plus ? Et auprès des enfants de sa compagne, avec qui il vit au quotidien ? C'était déjà difficile dans une cellule familiale « classique » – au point de faire souvent exploser les couples –, mais dans toutes ces recompositions, comment s'y retrouver ?

Comme ces couples modernes dont je parlais quelques chapitres plus haut, les « familles horizontales » disposent d'un moyen fabuleux pour inventer un mode de fonctionnement qui leur convient : il s'agit, une fois encore, de l'auto-organisation. De façon très pragmatique, et avec beaucoup de souplesse et d'adaptabilité, elle met de l'huile dans les rouages, et les choses en ordre de marche. Même si cet ordre n'est pas forcément très orthodoxe, et que les uns et les autres y trouvent parfois une place bien éloignée de celle qu'aurait dictée l'ordre symbolique... Voilà comment un papa peut se retrouver assez autoritaire avec les enfants de sa compagne, et plutôt gâteau avec les siens ; ou comment un garçon peut être, dans sa famille de la semaine, l'aîné responsable, et dans sa famille du week-end, le petit dernier trop gâté... Voilà comment un homme peut être, dans une première vie, un père un peu absent, pas très investi, et dans une seconde vie, un papa attentif et présent ; ou à la fois un célibataire sans enfant assumé et le père-parrain très engagé de l'enfant de sa sœur célibataire ou d'une amie lesbienne... Là encore, toutes les figures sont possibles, des plus classiques aux plus inattendues. Et c'est tant mieux, tant que ça marche et que chacun y trouve sa place...

Mais souvent, ça ne marche pas. Ou si ça marche, ça ne marche pas indéfiniment... Non pas parce que ces nouvelles configurations sont ingérables, comme le prétendent les tenants d'un retour vers l'ordre établi : la plupart des familles recomposées sont issues de familles « traditionnelles » – un père, une mère et des enfants qui ont essayé et voulu vivre ensemble avant de ne plus y parvenir. Avant d'être des parents séparés, il faut commencer par être des parents unis ! Et, quand la première cellule familiale se délite, chacun essaie de se reconstruire une autre vie, non pas par volonté de révolutionner la société traditionnelle, mais pour trouver une place où il se sente bien, enfin... Le moment ou la « famille horizontale », qu'elle soit recomposée ou classique, commence à souffrir, n'est pas le moment où elle choisit de s'éloigner de l'ordre établi, mais tout simplement le moment où elle rencontre, souvent dans un grand choc douloureux, la « famille verticale » de l'ordre symbolique. C'est exactement la même chose que dans un couple : il y a le projet dont on a envie, qu'on a choisi, préparé, construit. Par exemple, le projet d'une famille tranquille et équilibrée, où le père et la mère se partagent les rôles dans l'harmonie et le respect. Une famille moderne, tendre, où chacun trouve bien-être et intimité.

Et puis il y a, comme en filigrane, cette « famille verticale » de l'ordre symbolique, dont nous trimballons tous des représentations très puissantes, et qui vient s'interposer entre le rêve et la réalité, à la première anicroche.

C'est de cette rémanence de l'ordre symbolique – et, donc, de la toute-puissance paternelle – que souffrent terriblement les pères d'aujourd'hui. Qu'ils le veuillent ou non, le spectre du *pater familias* hante les scènes de ménage et les conflits familiaux, parfois jusqu'à la déchirure. C'est là que s'enracine le désarroi de la fonction paternelle : au point de rencontre entre la « famille horizontale » et la « famille verticale ». Parce que, tout à coup, l'autorité ne vient plus du ciel : il faut la négocier, la partager, la faire évoluer... Je l'ai déjà expliqué à plusieurs reprises : tout le monde est d'accord pour partager la douceur, le jeu, les corps à corps, jusque-là réservés aux mamans. Mais plus personne ne veut endosser les fonctions d'autorité, de transmission de la loi, de séparation. Et quand l'exercice de cette fonction fait défaut, et met les enfants en souffrance, à qui attribue-t-on le manque ? Au père, invariablement. À juste titre, d'ailleurs : effectivement, il ne l'exerce pas à la manière du Père majuscule. Mais est-ce encore l'apanage des papas de devoir exercer seuls ces fonctions-là ?

En haut de la pyramide de notre ordre symbolique trônait le Père. Au point qu'il est devenu, pour les hommes, la définition même de leur nature : un « vrai » homme, c'est celui qui tranche et qui transmet. Mettre en doute cette « vérité » depuis si longtemps incontestable ; ébranler, même très lentement, cette organisation symbolique, suscite des peurs immenses. C'est la raison pour laquelle certains crient à la catastrophe, à la dévirilisation des hommes. En acceptant de faire évoluer l'architecture de la société, on la précipiterait vers le chaos, l'indifférenciation, la fin des temps... En dépossédant les pères de « leurs » fonctions millénaires, pour les partager de façon égalitaire avec les mères, ou, mieux, pour les confier au couple parental, on leur arracherait leurs précieux attributs, pour en faire de pauvres choses molles vautrées sur les canapés.

Plus sérieusement, même s'ils ne risquent rien d'autre que de changer de place, et donc de devoir s'adapter à une nouvelle donne, ces interactions douloureuses entre l'ancien et le nouveau sont une très grande source de conflit interne pour bien des hommes, souvent lorsqu'ils deviennent pères. D'autant qu'elles génèrent immanquablement exaspération et positions accusatrices chez leurs compagnes, également déstabilisées par la situation. Chacun, homme et femme, se retrouve écartelé dans des conflits sur lesquels plane l'ombre persistante du *pater familias*, sans qu'aucun d'entre eux s'en rende vraiment compte...

Bien sûr, c'est impressionnant, une société qui bouge. Bien sûr, pour les raisons que j'ai déjà largement évoquées, c'est douloureux et déstabilisant, pour les pères plus que pour les mères, pour les hommes plus que pour les femmes, d'inventer de nouvelles règles.

Lorsque l'enfant paraît

Les couples qui se pressent de plus en plus jeunes à ma consultation exposent à leur manière ces difficultés entre famille réelle et famille représentée, famille horizontale et famille verticale. Ils vivent quelques mois ou quelques années dans des univers qui s'interpénètrent et tentent de construire des relations fondées sur l'égalité, le partage et l'intimité. Mais, comme le montre ma consœur Sylvana Giampino, l'arrivée d'un enfant bouscule cet équilibre et exacerbe en eux le sentiment d'être un homme et d'être une femme : « Je me sens plus homme à devenir père ou je me sens plus femme à devenir mère[1]. » Chacun d'eux est renvoyé à sa propre appartenance sexuée...

Si la parentalité, en s'attachant aux rôles de chacun, gomme la différence, surtout si l'on cherche à se méfier des stéréotypes de genre, le « devenir père » ou « devenir

1. Sylvana Giampino, « Les parents sont aussi un homme et une femme », *Informations sociales*, n° 132, juin 2006.

mère » pose des questions d'un autre ordre puisqu'il interroge les identifications. L'immense intérêt du terme de « parentalité » est de souligner l'égale importance des deux parents dès le début de la vie. Mais cela n'occulte en rien le bouleversement induit par la différence des sexes : être mère d'une fille ou d'un garçon, père d'un garçon ou d'une fille... Dans un chassé-croisé d'identifications inconscientes, chacun cherche dans le regard du conjoint une validation de ses compétences, de son « être père » et « être mère », et, par ricochet, d'une certaine image de la féminité et de la virilité. Et voilà qu'on (re)découvre son conjoint en tant qu'homme dans la façon dont il se comporte comme père ! On est loin du partage égalitaire du début... Ce processus favorise l'intimité avec l'autre ou fait surgir de l'inconnu des images chargées d'ambivalence, le père de l'une, la mère de l'autre, la culture de chacun. Le choix de la circoncision, par exemple, qui cristallise la transmission culturelle du masculin, mène de nombreux couples au bord de l'explosion ! D'un côté, le corps et le biologique reprennent une certaine naturalité en étant énormément présents, de l'autre, le partage des tâches est doublement conflictuel, dans la réalité comme dans les représentations qui leur sont liées. Lorsqu'un enfant arrive dans un couple, chacun régresse à ses propres fondations, à la conscience précoce d'être fille ou garçon. J'ai déjà souligné combien le « féminin-maternel » mettait les hommes en danger. En devenant mère, leur compagne incarne cette toute-puissance maternelle dont ils ont eu tant de mal à se déprendre.

La peur pour le jeune papa de perdre son identité masculine, sa virilité chèrement acquise au prix de ce détachement, conduit à des scènes déroutantes pour les deux protagonistes. « Tiens, tu as oublié l'appareil photo », dit cette jeune maman tout heureuse d'une première sortie « en famille » avec le nouveau-né bien calé dans un kangourou sur le torse musclé de son compagnon. Elle ne s'attendait pas à ce concert de hurlements, ces « j'ai travaillé comme une brute toute la semaine, ça n'est pas pour me faire tout reprocher dès que je prends un peu de repos », ou « quoi que je fasse, tu n'es jamais satisfaite », pour finir par un définitif « toutes les femmes sont des emmerdeuses »... Et voilà les jeunes parents emportés dans un tourbillon qui les dépasse. Ils ne peuvent pas voir que ce qu'ils prennent pour l'affrontement d'un homme et d'une femme est en fait celui d'un homme et d'une mère, d'un homme face à cette femelle à jamais insatisfaite et inassouvie qui hante ses terreurs d'enfant. Bien des jeunes mamans se retrouvent affolées par cette subite résistance masculine hostile et opaque, muette ou rugissante, à laquelle elles ne comprennent rien.

Pour cette génération de transition entre les Pères et les papas, chacun cherche sa place autour de l'enfant.

Qui se lève au premier cri ? Qui sait où sont rangées les couches et les lingettes ? Qui prend contact avec la directrice de la crèche ? Et, même pour les couples les plus soucieux d'équité (ils sont largement minoritaires !), le « savoir » féminin traverse les couches stratifiées des lignées successives pour s'exercer dans l'aménagement du quotidien. Les hommes se trouvent écartelés entre l'exercice d'une parentalité qui s'affirme dans l'égalité et ces résurgences d'identifications où s'épanouit la différence. Chacun a vite fait de reprocher à l'autre son autoritarisme ou son incompétence, ses intrusions permanentes ou sa mauvaise volonté. Chacun renoue inconsciemment avec sa mère, le plus souvent pour le bonheur et la réconciliation des filles, pour la défiance et la suspicion des garçons...

« Du père, du père, du père... »

Revenons donc à Jérôme, quatre ans, qui malmène son petit frère, Richard, deux ans. Et à Joseph, le père, qui n'est pas capable d'intervenir pour trancher, séparer, transmettre la loi à son fils. Du coup, la mère, Flore, est sur les dents : persuadée que la violence de Jérôme représente un danger réel, voire mortel, pour Richard, elle ne les quitte pas d'une semelle. Voilà le parfait spécimen de notre nouveau père : un homme doux qui renâcle à exercer son autorité naturelle et qui, du coup, plonge sa famille dans le chaos et oblige sa femme à « tout se coltiner ».

« Je ne peux pas comprendre la rivalité fraternelle, explique-t-il, puisque je n'ai pas eu de frère. » Flore, elle, a un frère, mais ils s'entendent « si bien, depuis toujours », qu'elle a du mal à imaginer ce qui peut pousser Jérôme à maltraiter Richard. Pour elle, c'est une évidence : si Joseph assumait son rôle de père, comme son propre père l'a si bien fait avec elle, tout rentrerait dans l'ordre. Mais Joseph préfère ne rien voir, ne rien entendre, ne rien entreprendre. Heureusement que son père à elle fait un grand-père formidable pour les deux petits garçons. Bien que ça ne règle en rien les problèmes qui rongent sa famille.

J'ai écouté Joseph. Et j'ai découvert son histoire tragique. Ses parents se sont rencontrés pendant la guerre : il était résistant, elle était juive. Ils se sont mariés et ont eu un fils, Joseph. Huit jours après sa naissance, elle a été déportée avec le bébé. Il n'a pas survécu, elle si. À la Libération, les parents de Joseph se sont retrouvés, miraculeusement. Ils ont eu un autre enfant, baptisé Alain, mais que sa mère n'a jamais appelé autrement que Joseph : c'est ce Joseph-là qui dit ne jamais avoir eu de frère... Il a grandi entre une mère profondément dépressive, qui passait des journées entières enfermée dans son silence et dans son appartement, et un père doux et désolé, qui s'efforçait de respecter les errances de sa femme. On ne parlait jamais du premier Joseph : l'histoire est arrivée à ses oreilles par hasard, lorsqu'il avait huit ou neuf ans. Depuis, il n'en a plus jamais été question. Joseph a été un bon élève un peu étrange, solitaire, « fils de vieux », réservé. Sa vie d'adulte a pris la même tonalité, jusqu'à ce qu'il rencontre Flore, sur le tard. Il avait presque cinquante ans quand est né Jérôme, à son tour « fils de vieux ».

Il a fallu du temps à Joseph pour commencer à faire le lien entre son histoire passée et ses difficultés de père. Et pour comprendre que c'est sans doute beaucoup plus difficile, pour un petit garçon, d'avoir un frère-rival mort qu'on ne peut même pas haïr, bien qu'on soit obligé de porter son nom et son histoire sans pouvoir le lui reprocher, plutôt que d'avoir un frère-rival bien vivant à qui on peut faire vivre un enfer...

Joseph a commencé à s'investir dans sa famille. Mais il ne savait pas s'y prendre. Il s'énervait contre Jérôme au point d'être, à son tour, violent avec lui. Ce qui rendait Flore furieuse, et inquiète. Joseph ne comprenait rien : après lui avoir reproché son inertie, voilà qu'elle contestait son « réveil ». Tout allait mal, de plus en plus...

J'ai observé Jérôme. Ce qui le caractérise, ce n'est pas tant sa violence vis-à-vis de Richard que son autorité : c'est lui qui décide de tout, sans laisser aucune échappatoire à son petit frère. Et, comme son papa, il a une façon violente, voire très violente, d'exercer son autorité. Un jour, pendant la séance, il décide qu'ils vont faire un jeu. Il munit Richard du couvercle d'un coffre, qui fera office de bouclier, et commence à le bombarder de tous les objets qui lui tombent sous la main : petits, d'abord, puis de plus en plus gros, jusqu'à lui balancer un camion de pompiers qui, évidemment, atterrit à côté du bouclier, pour faire une grosse bosse sur le front du petit garçon. Même si elle provoque cris et larmes, la métaphore proposée par Jérôme à son papa est magnifique : il met en scène deux parties de lui-même. La première, c'est l'autorité protectrice : le bouclier est une limite, une protection qui permet à sa seconde partie, la violence destructrice, de s'exprimer...

En malmenant son petit frère, Jérôme donne à son père la possibilité de devenir un père. On n'a rien transmis à Joseph : son histoire était trop terrible, trop morbide, pour être racontée. On ne l'a pas séparé, non plus : sa maman était trop malade pour que son papa l'empêche d'engloutir son fils dans son désespoir. Et c'est cet homme-là qu'a choisi Flore pour faire une famille : un homme privé de la capacité d'être père, qui lui permet tranquillement de confier la fonction paternelle... à son propre père, qu'elle trouve si merveilleux qu'elle ne l'a jamais vraiment quitté. La violence de Jérôme, c'est le symptôme dévoyé de la transmission paternelle, où la rivalité fraternelle est source de mort. C'est ce que sent Flore, quand elle dit : « Il est tellement violent, je suis sûre qu'il pourrait tuer Richard. » Petit à petit, séance après séance, Jérôme amène Joseph du côté de la parentalité. Il fait de lui un père... Au point que Joseph peut enfin raconter son histoire et la réintégrer ; s'autoriser à éprouver des sentiments doux à l'égard de ses enfants (et même de sa femme !), et les exprimer.

L'histoire de Joseph, c'est l'histoire d'un petit garçon qui n'a jamais pu s'opposer à ses parents, trop malheureux, ni à son frère-rival, trop mort. De ce fait, il a accumulé une très grande violence intérieure qui le terrifie tellement qu'il dépense toute son énergie à la canaliser. S'il est ce père absent qui insupporte Flore, c'est parce qu'il a peur que cette violence n'explose dans sa famille. Il a raison, d'ailleurs : ses premières interventions auprès de Jérôme sont d'une trop grande brutalité. Mais, en reprenant possession de son histoire, il va apprendre petit à petit à devenir un parent aux côtés de Flore, qui ne sera plus le parent unique et débordé qu'elle a été jusque-là. Leur couple va devoir totalement changer d'équilibre ; Flore va, peu à peu, s'éloigner de son père et de son frère pour laisser à Joseph l'espace d'être un parent à son tour...

J'aime l'histoire de cette famille, même si elle est un peu particulière, parce qu'elle raconte bien ce qu'est la fonction paternelle, et combien rien n'est jamais aussi simple que ça en a l'air. On voit comment l'absence de transmission peut empêcher un homme de devenir un père.

Fonction paternelle ou fonction parentale ?

Comment participer positivement à la réflexion sur une construction de la fonction paternelle sans ressasser en permanence la nostalgie transcendante d'un Dieu, d'un Roi ou d'un Père qui viendrait mettre de l'ordre dans notre chaos[1] ? On nous serine inlassablement que le droit de la famille, en accordant une place prépondérante aux mères, a non seulement démantelé le pouvoir de domination des pères, mais a aussi entamé leur possibilité d'exercer leur fonction parentale sur un pied d'égalité avec les mères. D'où les innombrables discours nostalgiques de revalorisation de la fonction paternelle qui restaurerait la virilité des hommes en rétablissant les pères dans une fonction symbolique et les mères dans la dispensation des soins aux enfants. Certains de mes confrères évoquent ainsi une « conscience continue » des femmes vis-à-vis des enfants, qui s'opposerait à la « conscience discontinue » des hommes. Jusqu'à quel point cette « conscience » est-elle liée à la prescription des rôles sexués ?

1. Michel Tort, *Fin du dogme paternel*, Paris, Aubier, 2005.

Paradoxalement, on pourrait soutenir que seule une distribution égalitaire des rôles dans la famille pourrait laisser apparaître la spécificité de la fonction paternelle. Quand on parle de père et de mère, aujourd'hui, on voit davantage apparaître les fonctions paternelles et maternelles que l'appartenance sexuée des hommes et des femmes. Il faudrait avoir une vision plus mobile de ce mouvement permanent entre fusion et séparation en admettant enfin que le père, comme la mère, développe des capacités fusionnelles avec les enfants et que la mère, comme le père, développe des capacités de séparation et de différenciation.

N'en déplaise aux nostalgiques du passé, le quotidien des familles d'aujourd'hui prouve chaque jour que la « fonction paternelle » se retrouve à l'intérieur de chaque parent... Lorsque l'enfant est petit, on pourrait dire qu'il s'agit d'une fonction de soutien, de réparation de la dyade parent/enfant ; à ce stade, la fonction paternelle appuie la fonction maternelle, aide à supporter et à calmer les angoisses, les peurs, les turbulences émotionnelles. Elle est comme un pont qui sépare et qui réunit en même temps. Si la fonction maternelle peut être figurée par la réceptivité, la contenance, la fonction paternelle peut être représentée par la fermeté ; il se constitue comme une enveloppe psychique familiale dont les qualités de solidité, de résistance, d'étanchéité sont du côté du pôle paternel, et les qualités de perméabilité et d'élasticité du côté du pôle maternel. À cette fonction nourricière et réparatrice de la petite enfance succède la fonction séparatrice de l'adolescence : tout ce qui va concourir à la « défusion » d'avec l'enfant, lui autoriser son autonomie. Si les pères font volontiers sortir leur garçon des jupes de leur mère, c'est souvent aux mères qu'il revient de décoller leur adolescente de leur papa, comme aux pères de pacifier la terrible relation mère/fille pour permettre à la jeune fille de voler de ses propres ailes.

Sylvain vient consulter avec ses deux fils âgés de quatorze et onze ans. À trente-cinq ans, il se dit dépassé par l'adolescence de son aîné qui n'en fait qu'à sa tête, ne veut plus aller au collège et fréquente des petits voyous. La mère des enfants est morte en mettant au monde le cadet et Sylvain élève tout seul ses deux enfants. Il s'exprime comme le font souvent les femmes qui élèvent seules leurs enfants, a les mêmes gestes et les mêmes caractéristiques. Il dit, par exemple, « il m'a fait une rougeole » ou « il m'a encore fait une insomnie ». Au-delà de toutes les difficultés que l'on peut imaginer pour cette famille autour du deuil de la mère qui pèse très lourdement dans son histoire, l'incapacité de Sylvain à se décoller de ses enfants apparaît très nettement. Au cours de la première séance, il explique qu'il héberge depuis quatre ans dans son pavillon de banlieue son jeune frère étudiant de vingt-cinq ans. Je suggère que ce jeune frère, qui fait partie de la « famille horizontale », vienne à la séance suivante...

Au cours de cette séance, je me rends compte que ce jeune frère remplit une fonction paternelle par rapport au « couple » de Sylvain et de son fils aîné. Il fait l'intermédiaire entre eux et essaie de pacifier leur relation. Une grande partie du travail que nous avons fait ensemble a consisté à revenir sur le deuil de cette mère qui constituait un abcès dans la famille dont ils ne pouvaient pas parler ensemble. C'était un sujet très douloureux. Les enfants ne l'évoquaient jamais pour protéger leur père qui, de son côté, voulait protéger ses enfants en n'abordant jamais le sujet non plus. Il fallait les aider à parler de ce deuil. Le jeune frère s'est avéré un auxiliaire très précieux. Je l'ai soutenu dans le rôle qu'il avait pris à la maison et qu'il se sentait un peu gêné d'occuper parce qu'il était plus jeune que Sylvain et que, logiquement, c'est ce dernier qui aurait dû le protéger plutôt que l'inverse. Il assumait une fonction paternelle sans avoir pris un quelconque pouvoir ni tenté de se substituer au père. Sa présence a permis à Sylvain de se décoller de ses deux garçons.

La fonction paternelle consiste aussi à confirmer l'autre dans ses compétences parentales. Chaque fois qu'un parent dit à son enfant quelque chose qui disqualifie l'autre parent, il se disqualifie lui-même. Une mère qui dirait, par exemple, « ton père ne pense qu'à son travail », ou « tout ce qui l'intéresse, c'est le foot », ou encore « il est incapable de s'occuper de vous correctement », ne disqualifie pas seulement le père de ses enfants : elle se disqualifie elle-même dans l'exercice de sa fonction paternelle. Ce que l'on appelle la fonction paternelle, finalement, c'est tout simplement ce qui permet à la fois d'introduire un écart, une distance entre un adulte et un enfant, et de contenir la relation que cet adulte a avec cet enfant.

Laura, âgée de deux ans, est une enfant tourmentée et tyrannique. Elle mène une vie infernale à ses parents épuisés qui ont bien du mal à la faire dormir ailleurs que dans leur lit. Lors d'un entretien avec eux, je remarque à quel point ces parents ont l'air en désaccord par rapport à la tétine que Laura suçote avidement la plupart du temps. Sans en parler entre eux, la maman essaie à plusieurs reprises de la lui retirer et de la mettre dans son sac – ce qui provoque les hurlements de l'intéressée –, alors que le père la lui remet dans la bouche sans hésiter quand elle commence à chouiner.

Lorsque j'évoque leurs positions opposées vis-à-vis de cette sucette, le père déclare qu'il préfère avoir la paix, la mère qu'elle ne supporte pas l'image de cette enfant de deux ans avec une tétine. Un violent conflit conjugal éclate sous mes yeux, chacun ayant le sentiment de ne pas être suffisamment pris en considération quant à ses positions pédagogiques à l'égard de Laura. Chacun ressent que ce qu'il fait avec sa fille est détruit par l'autre : il la trouve trop rigide, elle le trouve laxiste et indifférent. Pendant cette altercation, sans regarder ses parents, Laura s'empare d'une poupée, lui donne sa sucette, puis se met alternativement à la gronder et à la consoler...

C'est l'articulation entre son père et sa mère qui médiatise la relation de Laura avec chaque parent. Si cette articulation est conflictuelle, symétrique, l'enfant est aspirée, enchevêtrée dans le conflit. Seule l'articulation créatrice des différences entre les deux parents peut permettre à l'enfant de se constituer un espace de jeu et de se détacher du couple parental. Le couple soutient alors les fonctions paternelles et maternelles à l'intérieur de chacun des parents.

L'enfant, le couple parent/enfant, le groupe familial dans son entier sont en quête d'une fonction paternelle qui puisse apporter la fermeté d'un appui. Pour les parents, cette fermeté est à chercher en eux (dans un « père intérieur ») et entre eux (dans une résolution des conflits). Le blocage des deux parents dans la seule fonction maternelle comme les conflits relationnels de couples qui mobilisent toute l'énergie psychique vont à l'encontre de l'exercice de cette fonction. Comme Laura, ce n'est plus tant à un Père et une Mère que l'enfant est confrontée qu'à un couple, une dyade. La fonction paternelle comme la fonction maternelle sont inscrites dans la relation. Tous les couples ont à construire un espace commun, à la fois mythique et culturel, à partir de leurs histoires et de leur culture. Ils doivent se mettre d'accord en permanence sur cet espace commun pour pouvoir le transmettre à l'enfant. La fonction paternelle du couple consiste à s'accorder sur ce que l'on va transmettre des valeurs et de la culture.

Très concrètement, cela se joue dans des petites scènes de la vie quotidienne – comme nous l'avons vu avec Laura – que nous connaissons tous, pour en avoir été les protagonistes ou les témoins. Un autre exemple, assez banal : la petite Lucie, six ans, dépasse les limites et commence à être trop capricieuse et envahissante. Elle envoie balader ses parents en leur donnant du « tu m'emmerdes ». Ni son père ni sa mère ne bougent. L'un et l'autre paraissent figés. Si aucun des deux n'intervient, c'est parce que chacun pense que c'est à l'autre de le faire. Par son comportement, Lucie déclenche une tension au sein du couple. Chacun de ses parents reproche intérieurement à l'autre de ne pas savoir occuper la place qui devrait être la sienne à ce moment-là. Julien, le père, se dit : « C'est à Émilie de contenir ces débordements parce que c'est du maternel », estimant que Lucie a peut-être besoin d'être prise dans les bras et câlinée par sa maman pour se calmer. De son côté, Émilie, la mère, pense que c'est à Julien de contenir Lucie parce que c'est une question d'autorité et que c'est à lui, le père, de mettre des limites. Chacun ressent une exaspération de plus en plus forte vis-à-vis de l'autre. Le conflit intérieur monte sans s'exprimer, réactivant d'autres tensions et exaspérations qui ne sont plus liées au couple parental mais au couple conjugal – frustrations, insatisfactions liées à la vie sexuelle, à l'intimité du couple, etc. – et qui bloquent la possibilité très concrète et très simple d'intervenir à ce moment-là pour enrayer les débordements de Lucie et lui fixer un cadre. De son côté, la petite fille ne se calme pas. Bien au contraire, elle s'agite de plus en plus, faisant monter la pression jusqu'à ce que quelque chose se passe. Et que se passe-t-il précisément ? Un conflit ouvert dans le couple qui paralyse toute possibilité d'intervention commune ou séparée des parents. Lucie, débordée, finit par faire pipi dans sa culotte...

« Du père, du père, du père », réclamait cette mère, grande comédienne, qui avait sans doute pris soin de potasser Freud. Elle avait bien lu : il décrit dans le détail et de manière assez rigide l'attachement maternel et la nécessité, pour le père, d'être la tierce personne qui sépare. À travers la triangulation œdipienne, il explique cette « fonction paternelle », où le père est le séparateur symbolique et représentant de la société, chargé d'arracher l'enfant de ce corps à corps fusionnel avec sa mère. Il avait raison : au début du siècle dernier, c'est ainsi que vivaient les familles, et ce, depuis une éternité. C'était aussi le temps des femmes hystériques, qu'il a abondamment décrites et soignées, et qui n'existent plus, désormais, parce que la condition féminine a changé, et que les femmes ne sont plus obligées de se contorsionner et de mettre leur utérus en avant pour exprimer leur malêtre. Je ne dis pas que Freud est dépassé. Je dis que notre travail à nous, psychanalystes, est de continuer ce qu'il a commencé : un travail d'analyse d'individus ancrés dans le monde, qui tient compte de tout ce dont nous héritons, mais aussi de la réalité avec laquelle nous devons composer.

Telle est la réalité d'aujourd'hui : si la « fonction paternelle », de transmission et de séparation, est absolument indispensable, elle peut devenir, peu à peu, une « fonction parentale », à exercer de façon conjointe par le couple. Et personne ne s'en portera plus mal, n'en déplaise à mes confrères arc-boutés sur des théories fondatrices, certes, mais que Freud n'a sans doute jamais conçues comme immuables, et surtout pas détachées du contexte dans lequel il les a inventées.

Homoparentalité et garde alternée

C'est ce même affrontement entre famille verticale et famille horizontale qui est au cœur des débats sur l'homoparentalité ou sur la garde alternée, débats au cours desquels les spécialistes de la vie psychique s'affrontent à coups d'arguments contradictoires issus des mêmes corpus théoriques !

Peu de personnes mettent aujourd'hui en doute le fait que deux hommes ou deux femmes puissent être d'excellents parents et constituer une famille acceptable. D'autant que des études de plus en plus nombreuses montrent que les enfants élevés dans des contextes homoparentaux ne se portent pas plus mal que les autres et ne présentent pas de troubles particuliers de leur identité sexuée ou de leur orientation sexuelle. Les parents homosexuels sont des parents comme les autres, ni meilleurs ni pires. Et leur famille horizontale présente toutes les qualités d'amour et de compétences éducatives requises pour élever un enfant.

Tout se joue aujourd'hui autour du statut juridique du « deuxième parent ». Dans l'état actuel de la loi, lorsqu'un couple homosexuel adopte un enfant ou lorsque deux lesbiennes ont un bébé par insémination artificielle, l'enfant a un parent officiel reconnu comme tel, et un parent social qui n'a aucun droit, bien qu'il élève l'enfant au quotidien. Le débat sur la place de ce

« parent » engage la manière dont une société produit des normes, soit en se soumettant à une extériorité (Dieu, ou la « nature »), soit en considérant qu'il est de son ressort d'instituer un ordre social élevé au rang d'ordre symbolique.

Le débat, qui divise profondément la communauté européenne, porte en effet sur le choix suivant : s'agit-il d'établir une filiation, qui reconnaîtrait l'enfant légalement issu de deux hommes ou de deux femmes, ou plutôt une délégation d'autorité parentale, qui conférerait un statut de parent pour l'un, et de beau-parent pour l'autre ? D'un côté, on aspire à un livret de famille et à un état civil identiques à ceux d'un couple hétérosexuel qui ne mentionne que deux parents légaux, de l'autre, on se refuse à bousculer l'ordre de la nature qui veut qu'un enfant soit issu d'un homme et d'une femme. L'association des parents gais et lesbiens propose quant à elle une alternative : un livret de parenté mentionnant l'ensemble des « parents » de chaque enfant (donneurs de gamètes, mère porteuse, parents adoptants, parents biologiques...) ; ce livret concernerait toutes les nouvelles formes de familles.

Nul n'ignore la nécessité d'un gamète mâle et d'un gamète femelle pour fabriquer un enfant. Mais la question posée à l'ensemble de la société pourrait être la suivante : la filiation est-elle liée à un ordre naturel qui engage la différence biologique des sexes, ou est-elle un processus culturel lié à un ordre symbolique conçu par une société donnée pour agencer socialement les différences entre le statut d'homme et le statut de femme ? Comme toujours, les marges éclairent violemment la norme.

Pour ma part, je suis convaincu par la solution du livret de famille « intégral » : tout enfant a le droit de connaître l'ensemble de ses origines, et les secrets et non-dits qui pèsent autour de la filiation sont toujours préjudiciables.

Ce débat n'est pas un débat de « spécialistes », psychiatres ou anthropologues, comme on nous le fait souvent croire. C'est toute la verticalité de la société autour de l'organisation de la transmission et de la filiation, donc tout le sens donné à l'institution familiale, qui se joue dans ces affrontements. La fonction paternelle ne peut-elle être exercée que par un homme ?

Les Nuer d'Afrique orientale ont une réponse originale à cette question. Chez eux, les femmes stériles sont considérées comme des hommes et ont droit à tous les avantages qui sont les leurs. Si une jeune fille se marie et n'a pas d'enfants, au bout de quelques années, elle revient dans sa famille avec un statut d'homme. Elle sera appelée « oncle » par ses neveux et nièces. Elle recevra une part de bétail, aura peu à peu un troupeau et paiera alors la dot nécessaire pour se procurer une épouse. Ses femmes l'appelleront « mon mari ». Elle engagera un géniteur qui sera aussi son domestique. Ses femmes auront des enfants qui l'appelleront « père » [1].

Tous les questionnements sur l'homoparentalité soulignent, ô combien ! les atermoiements que j'évoque depuis le début de cet ouvrage sur la naturalité des fonctions paternelles et maternelles, sur la nature du masculin et du féminin. Lorsque ce sujet est évoqué lors de rencontres publiques, la plupart des interventions des auditeurs soulignent à quel point l'homoparentalité féminine pose peu de problèmes : à la limite, deux femmes, c'est mieux qu'une, une sorte de gain de compétences maternelles, d'ailleurs, chacun sait qu'une femme qui élève des enfants seule sait « jouer à la fois le rôle du père et de la mère ». En revanche, l'homoparentalité masculine déchaîne les réactions hostiles et cristallise le rejet que suscite l'homosexualité : sont évoqués pêle-mêle l'absence de repères masculins (alors qu'il s'agit de deux hommes), l'absence de repères féminins (quel paradoxe !), la perversité du lien à l'enfant, voire le spectre de l'inceste (tous les hommes sont des violeurs potentiels, et les homosexuels sont forcément pédophiles).

1. Françoise Héritier, *Masculin, féminin*, *op. cit.*

Un deuxième débat fait rage et reprend à un autre niveau la naturalité des fonctions paternelles et maternelles : celui du bien-fondé de la résidence alternée pour les tout jeunes enfants. La jurisprudence française montre que la résidence également partagée entre le père et la mère n'est appliquée que dans 20 % des situations de séparation, alors qu'elle est la règle dans les pays nordiques (80 % des séparations en Suède). Des spécialistes français la jugent contre-indiquée chez des enfants de moins de cinq ans qui auraient davantage besoin de leur mère que de leur père. Autre paradoxe : ce sont souvent ces mêmes spécialistes qui fustigent les carences paternelles, alors que toutes les études montrent que lorsque le père est peu présent auprès du bébé, le lien a peu de chances de s'établir durablement et que ce sont ces pères qui se détachent progressivement de leur enfant.

Nous avons vu à quel point l'attachement du tout-petit se développe aussi bien avec la mère qu'avec le père si celui-ci s'en occupe, joue avec lui, lui parle et le caresse. Le lien est aussi fort pour l'un que pour l'autre, et la séparation d'avec le père est aussi douloureuse et préjudiciable que d'avec la mère. Si certains enfants ont des difficultés temporaires à s'adapter, la plupart réalisent un travail psychique d'intégration de la situation qui leur permet de ne pas se sentir clivés et d'investir leurs deux espaces de vie comme partie prenante de leur territoire, quitte à marquer chacun d'eux comme tel[1].

De nombreux juges, relayés par certains psychiatres qui lisent sans doute peu la littérature internationale, continuent de penser qu'il existe un « âge de la mère » au cours duquel l'enfant aurait besoin d'affection, puis un « âge du père » au cours duquel prévaudrait le besoin d'autorité. Ces études montrent bien que les jeunes enfants qui bénéficient de la présence égale de leurs deux parents se portent beaucoup mieux. C'est plutôt la caution de certains magistrats à la toute-puissance d'un seul parent sur l'enfant qui a souvent des conséquences dramatiques en creusant le lit de l'aliénation parentale.

Un nouveau corps à corps

> « Mesdames, messieurs les candidats à la présidence, mesdames, messieurs les futurs députés,
>
> « Que penseriez-vous d'une démocratie où la justice dans 80 % de ses décisions priverait une catégorie de citoyens d'élever leur enfant en raison de leur sexe ? D'un pays où 16 % des enfants ne bénéficieraient plus de l'affection d'un père après la séparation de leurs parents ? D'un État de droit

1. François de Singly, *Libres ensemble*, Paris, Armand Colin, 2005.

où certains délits, comme la non-présentation d'enfant, resteraient impunis dans 95 % des cas ? D'un pays où lorsque 46 citoyens se suicident à la suite d'une séparation, 45 sont de sexe masculin ?

« Ce pays, c'est la France, et ces citoyens, des pères. »

C'est par cette poignante pétition que le collectif Urgence Papa a témoigné lors des dernières élections de la mutation profonde du lien paternel. Tous ces hommes, qui ont enfin accès à leur corps, et au corps de leurs enfants, sont du même coup atteints par le manque viscéral creusé par l'absence d'un enfant. Jusque-là, seules les mères pouvaient toucher, porter, soigner, caresser, chatouiller, envelopper, câliner, embrasser les enfants. Les pères, eux, étaient tenus à distance du corps ; dans certaines peuplades africaines, ils avaient même l'interdiction absolue de les toucher tant que la période d'allaitement n'était pas terminée. Et dans certaines peuplades européennes, en Angleterre, par exemple, ou dans bon nombre de familles françaises, ils ne pouvaient les toucher que du bout des doigts, au mieux pour une petite tape « affectueuse » sur la joue, et au pire avec une cravache, ou tout objet permettant d'infliger une correction « bien méritée »... Mais voilà que, depuis deux générations

– trois, pour les familles les plus avancées –, les pères découvrent les plaisirs du corps à corps quotidien avec leurs enfants ! On peut comprendre la douleur que cela représente, pour eux, d'en être arbitrairement privés. Mais on peut comprendre aussi que, pour certains d'entre eux, cela reste encore un peu compliqué.

Louis est le père fraîchement divorcé et un peu déboussolé de deux enfants très vifs, un petit garçon et une petite fille âgés de cinq et six ans. Comme pour beaucoup d'autres pères que je reçois, la séparation ne se passe pas très bien et il vient me demander de l'aide pour trouver des repères qui pourraient calmer sa peur de mal faire. Il finit par m'avouer qu'il ne se sent pas très à l'aise avec la « question du bain », qu'il a peur d'avoir envers ses enfants des gestes déplacés qui lui seraient reprochés par leur mère, et que, quand lui-même veut se laver alors qu'ils sont dans l'appartement, il a réglé le problème en se douchant... en maillot de bain ! « C'est plus simple. Je ne voudrais pas qu'ils me voient nu, maintenant qu'ils ont grandi. D'autant qu'ils pourraient raconter n'importe quoi à leur mère, sur cette question qui a l'air de particulièrement les intéresser. » Bien sûr que ça les intéresse, et c'est très légitime ! Beaucoup de pères, comme Louis, déploient une grande appréhension à propos des rapports corporels qu'ils développent avec leurs enfants.

Et pour cause ! Personne ne leur a appris ! Le père de Louis ne s'est jamais préoccupé de lui donner un bain, de le savonner, de l'essuyer, de l'habiller. Ni de démêler les cheveux de sa fille, de lui passer de la crème sur le corps, ou de nettoyer soigneusement leurs parties génitales avant de leur mettre une couche propre...

Et voilà que l'on retrouve, jusque dans la salle de bains, les identifications ancestrales qui construisent les hommes ! Louis parvient à expliquer qu'à trop toucher ses enfants, il a peur de féminiser son fils, et d'établir avec sa fille une relation trop érotisée. Les journaux et les tribunaux sont remplis de ces histoires de pères incestueux, ou du moins « incestuels » (c'est-à-dire pas très « nets »), qui n'ont pas de limites ou dérapent faute de repères... Beaucoup plus que les mères.

Là encore, on peut se contenter d'une explication sommaire – le mâle est de « nature » plus sexuelle, et donc potentiellement prédateur et violeur, y compris quand il devient père – ou aller chercher dans le feuilletage de nos représentations et de nos héritages pour mieux comprendre et mieux répondre aux questions que se posent Louis et bon nombre de ses congénères, « nouveaux » pères, divorcés ou pas... Donald Winnicott a très bien expliqué ce qui fait, à son sens, la « bonne mère », qu'on pourrait élargir au « bon parent » : c'est celle ou celui qui arrive à percevoir et à anticiper la bonne distance, ni trop loin, pour que l'enfant ne se sente pas perdu, abandonné, et donc incapable de se détacher, ni trop près, pour qu'il ne se sente pas envahi, pénétré, débordé par l'excitation corporelle naturelle que provoque chez lui le contact physique avec ceux qui prennent soin de lui. Avec des millénaires de pratique, on peut comprendre que les femmes sachent trouver cette distance sans trop de difficultés – bien que certaines d'entre elles ne soient pas très au point sur cette question, je le constate tous les jours en écoutant les récits terrifiés ou désespérés de mes patients, adultes, englués dans des rapports compliqués avec leur propre corps, d'où ressurgissent absences ou trop grande prégnances maternelles...

Les hommes, eux, ont tout à apprendre dans ce domaine. La plupart du temps, eux-mêmes privés de contacts physiques avec leur propre père, ils sont d'une certaine manière privés du contact avec leur propre corps, ses sensations et ses émotions. C'est la raison pour laquelle ils ne se sentent pas capables, et, parfois, ils ne le sont effectivement pas, de ressentir physiquement le moment où l'excitation de leur enfant est trop forte, et où il faut mettre une distance plus grande entre eux. Et qu'ils préfèrent, finalement, ne pas donner le bain et prendre leur douche en maillot... Quelle mère se poserait même cette question-là ?

Si l'on ajoute à cette situation délicate la tentation, pour les mères en conflit avec le père de leurs enfants, d'utiliser ce malaise potentiel comme un argument pour gagner le combat, on obtient l'exact effet inverse de ce vers quoi tend néanmoins toute la société. En privant les enfants, et en particulier les petits garçons, de leur père et de ce nouveau corps à corps paternel qui les construit et les structure, on fabrique à nouveau une génération d'hommes « débranchés » de leur corps et de leurs émotions, qui auront à leur tour, comme Louis, de grandes difficultés à se sentir à l'aise avec leurs petits (et, aussi, avec leur propre corps, et celui des femmes...). C'est un cercle vicieux dans la construction duquel les femmes ne jouent pas toujours un rôle très honorable.

Quand une mère sous-entend à tort, devant la justice, que ses enfants sont en danger avec leur père qui les touche « bizarrement », elle est souvent à la fois de bonne et de mauvaise foi. Clairement, viscéralement, culturellement, le corps à corps entre un homme et un enfant nous apparaît comme plus dangereux que le corps à corps maternel, même si c'est très rarement justifié. C'est la raison pour laquelle, la plupart du temps, et parfois de façon très injuste, la justice emboîte le pas aux mères... Mais de plus en plus souvent, les femmes utilisent cet argument pour s'approprier purement et simplement leurs enfants et les priver de leur père, qu'elles punissent ainsi de leur échec conjugal...

Ce dont chacun doit se rendre compte, c'est que l'enfant a besoin de plusieurs parents. Sa mère ne lui suffit pas ! Il construit tout son monde intérieur sur les différences entre les adultes qui prennent soin de lui, bien plus que sur la relation avec ces personnes. En observant les bébés avec des moyens modernes dont ne disposaient ni Freud ni Lacan, on a compris que, dès les premiers jours de sa vie, le bébé n'interagit pas de la même façon avec son père et avec sa mère, ou avec les personnes qui en font fonction, quel que soit leur sexe. Et c'est sur cette différence entre les deux qu'il s'appuie pour appréhender le monde extérieur et construire son propre psychisme. L'enfant a besoin d'échapper à l'emprise et à l'empreinte trop forte d'une relation unique, dont il ne pourrait se différencier. La fonction du père, c'est d'être un autre, y compris un autre corps, pour que l'enfant et en particulier le petit garçon puisse se représenter et s'approprier son propre corps.

Sans cet autre corps à corps, les garçons risquent de reproduire *ad libitum* ce dont les hommes d'aujourd'hui commencent enfin à se débarrasser : la négation de leur corps. Si j'insiste tant sur cette nécessité de corps à corps entre les pères et leurs enfants – et en particulier leurs petits garçons –, c'est parce qu'il me semble que c'est un des fondements d'une nouvelle forme de virilité, moderne et libérée de peurs ancestrales. En confondant virilité et puissance, en imposant un ordre symbolique où le « bon » père est un père tout-puissant mais parfaitement désincarné (forcément, puisqu'il est une émanation divine...), l'Occident a privé les hommes de leurs corps et, donc, de la possibilité de ressentir et d'exprimer leurs émotions. Et c'est aux nouveaux parents – et, parmi eux, plus particulièrement aux nouveaux pères – qu'incombe la tâche (plutôt joyeuse et agréable !) de réconcilier les hommes, corps et âme, en apprenant à leurs fils qu'on peut être viril tout en étant débarrassé, enfin ! des oripeaux de la « puissance virile ». Encore une bonne nouvelle !

Les pères horizontaux

Adèle a seize ans. Elle vit avec sa mère, Marie, le compagnon de sa mère, Henri, et son demi-frère, Vincent, fruit de l'union de Marie et Henri [1]. Marie a eu Adèle très jeune, avec Diego, un ami-amant qui faisait partie de la communauté dans laquelle elle vivait, à l'époque. Quand elle s'est rendu compte de sa grossesse, ils ont décidé, ensemble, de garder l'enfant sans pour autant se lancer dans une vie de couple. Diego reconnaît Adèle. Quelques mois après la naissance, Marie entame une relation suivie, de plus en plus profonde, avec

1. Cette thérapie familiale a été évoquée en partie dans *Quand la famille s'emmêle*, Paris, Hachette Littératures, 2005.

Henri, un ami qui fréquente de loin la communauté. Très vite, ils s'engagent dans un projet commun, s'installent ensemble, avec Adèle, à qui ils décident, quelques années plus tard, de donner un petit frère.

Tout se passe bien dans cette famille « horizontale » recomposée : chacun a trouvé sa place. Henri est un beau-père aimant et attentif pour Adèle, avec qui il vit depuis de nombreuses années et qu'il élève jour après jour. Marie a développé avec sa fille un lien très tendre et fusionnel, que l'arrivée de Vincent n'a pas trop perturbé. Diego est le « papa McDo », qui arrive à l'improviste, emmène sa fille au cinéma ou en vacances dans des endroits « super cool », offre les cadeaux dont elle rêve et reste le « vieux copain » de Marie et d'Henri, qu'il agace un peu par son inconséquence et sa légèreté, mais sans que ça rende impossible, ou même houleuse, la petite auto-organisation de la famille.

Et puis un jour, Adèle a seize ans. Elle découvre le piercing, le rouge à lèvres noir, les dreadlocks et les collants déchirés. Et, pour prendre son autonomie et sortir du giron maternel, la voilà qui rue dans les brancards. Sauf qu'au lieu de s'en prendre à son intouchable et si fusionnelle mère, Adèle s'attaque plutôt à Henri, qui a le culot de rappeler les limites... La phrase fatidique finit par claquer : « De toute façon, tu n'es pas mon vrai père. Tu n'as rien à m'imposer. » Henri est terrassé, Marie est en pleurs, mais s'interpose pour qu'il ne réplique pas. Adèle se précipite sur le téléphone supertendance que vient de lui offrir Diego pour l'appeler au secours : « Je ne peux plus supporter ce pauvre mec, est-ce que je peux venir chez toi ? » Adèle part chez son « vrai » père, qui l'emmène au restaurant pour l'écouter vider son sac. Sans savoir très bien quelle position « officielle » adopter vis-à-vis d'Henri, aux yeux de sa fille.

Semaine après semaine, la situation se détériore. Adèle est de plus en plus en colère contre la terre entière, mais surtout contre Henri. Elle rentre tard, fume des pétards, moleste son petit frère... Marie, toujours prompte à prendre sa défense, finit par appeler Diego pour l'enjoindre de trouver une solution : « Après tout, c'est toi, son père. Il serait peut-être temps que tu la prennes un peu en charge... » Voilà comment, en quelques mois à peine, le bel équilibre de l'auto-organisation se trouve mis à mal. Marie se recroqueville dans la fusion douillette et protectrice soigneusement entretenue avec *sa* fille, sur laquelle il n'est pas question qu'Henri élève la voix ou la main ; Henri encaisse le coup, et la blessure infligée avec cruauté par Adèle, qu'il aime et élève depuis des années ; Vincent voit tout son univers se dérégler sans rien y comprendre, mais ça l'inquiète beaucoup, d'ailleurs, sa maîtresse se demande pourquoi ses résultats scolaires ont chuté, d'un seul coup ; Diego ne sait pas du tout quoi faire pour sa fille, qu'il adore mais qu'il n'imagine pas installer chez lui, et Adèle est totalement paralysée par le conflit de loyauté entre sa mère, Henri et Diego, dont elle se sent prisonnière, et dans lequel elle se débat à cor et à cri...

La première fois que je l'ai vue sourire, c'est au cours de la séance de thérapie familiale où Marie s'est écriée : « De toute façon, on ne peut pas avoir deux pères ». Ou alors : « De toute façon, on ne peut pas avoir de père », elle n'a pas précisé : Marie, elle, n'en a pas eu, de père. Et avait décidé qu'Adèle n'en aurait pas non plus, avant qu'Henri, qu'elle n'avait pas prévu, fasse son apparition dans leur vie à toutes les deux... Du tac au tac, j'ai répondu à Marie : « Pourquoi ne pourrait-on pas avoir deux pères ? », avant de raconter l'histoire des célèbres Trobriandais, une peuplade de Mélanésie chez qui chaque bébé, en plus de son père biologique, se voit doté d'un autre père, généralement son oncle maternel, voire de plusieurs autres pères, si la situation l'exige. D'exaspéré, le regard d'Adèle devient amusé, puis vivement intéressé... Encouragé par la réaction de la demoiselle, qui jusqu'alors montrait fort peu d'intérêt à ces séances de thérapie, je raconte avec force détails l'histoire de ces « sauvages » qui ont plein de papas et s'en portent très bien, en remerciant intérieurement Geneviève Delaisi de Perceval, à la fois anthropologue et psychanalyste, d'avoir écrit *La Part du père*[1], ce beau livre dans lequel elle raconte, notamment, comment la notion de « vrai père » peut changer d'une culture à l'autre... Et je termine en proposant que Diego se joigne à nous la prochaine fois...

Quelques semaines plus tard, lorsque la petite famille arrive, je fais asseoir Henri et Diego dos à dos, tête contre tête, sur deux chaises préparées à cet effet. « Tu vois, Adèle, tu as un papa à deux têtes. Il est formidable, il s'appelle Henri-Diego. » Je continue mon petit discours, j'explique qu'il est à la fois sévère et cool, classique et rock and roll. Et qu'elle n'est pas la seule au monde à se retrouver dans cette situation, puisque même chez les Trobriandais, ça marche comme ça ! Adèle écoute : plein d'autres ados ont, comme elle, deux ou plusieurs papas, sans se sentir obligés de leur faire faire la guerre l'un contre l'autre ; je vois bien comme c'est tentant, et facile, de les monter l'un contre l'autre, mais elle devrait essayer, plutôt, d'allier leurs forces respectives, sans devoir choisir l'un plutôt que l'autre, pour profiter de leurs deux personnalités. Tout ça peut sembler un peu théâtral, mais, en matière de thérapie familiale, le théâtre est souvent un excellent instrument ! La séance du papa à deux têtes a dénoué beaucoup de ten-

1. Geneviève Delaisi de Perceval, *La Part du père*, Paris, Le Seuil, coll. « Essais Points », 2004.

sions dans la famille d'Adèle, et fait grand bien, aussi, aux deux pères dépités qui étaient en train de perdre le nord.

Il faut dire qu'il y a de quoi perdre le nord, pour tous ces « nouveaux pères ». On l'a vu, c'est toujours très acrobatique de négocier le passage entre la famille verticale et la famille horizontale ; et souvent très douloureux, surtout pour les pères, de trouver un processus de collaboration pour remplacer *la* représentation paternelle, unique et immuable, en une ou plusieurs incarnations d'individus très palpables et très réels, qui ont chacun à trouver une place, et à jouer un rôle consistant auprès d'enfants, et d'adolescents très en demande. Surtout quand la mère ne simplifie pas l'exercice : depuis seize ans, Marie s'est beaucoup projetée dans sa fille, et n'a laissé personne l'en séparer. Elle appelle les deux pères d'Adèle au secours quand ça va mal, mais, finalement, ne laisse à aucun des deux la possibilité d'intervenir...

Confrontés à ces imbroglios si complexes, beaucoup de pères ont la tentation d'abandonner, souvent après y avoir perdu des plumes et encaissé de profondes blessures qui affectent leur identité masculine. Il faut du temps, et beaucoup de bonne volonté, de part et d'autre, pour sortir de cette situation extrêmement douloureuse dont tout le monde souffre, mais surtout les pères. Peu à peu, nous nous dirigeons vers une société où chaque parent pourra assumer tranquillement ses « fonctions parentales », qui ne seront plus désignées comme paternelles ou maternelles, mais comprendront tout ce dont l'enfant a besoin pour grandir, et où la famille, qu'elle soit traditionnelle ou recomposée, pourra trouver son assise : fusion, corps à corps, empathie mais aussi dégagement, détachement, séparation, chacun à sa manière, et sans que les vieux spectres de représentations hypersexuées viennent rendre impossible ce nouvel équilibre.

La loi, les pères et l'ADN...

Peut-être avez-vous lu, comme moi, cette histoire en dernière page de *Libération* ? Philippe est le père de Benjamin, dont Héloïse a choisi d'accoucher sous X en mai 2000. Deux mois avant la naissance, et sans connaître les intentions de la mère, Philippe avait pris soin de faire à la mairie une reconnaissance anticipée de paternité. Il faut dire qu'au cinquième mois de grossesse, Héloïse a subitement disparu de la vie de Philippe, sans explication. Au moment supposé de l'accouchement, Philippe tente désespérément de retrouver la mère et l'enfant, sans succès. Comment un père peut-il retrouver un enfant dont il ignore le nom, le lieu et la date de naissance, et que la mère a choisi de ne pas reconnaître ? Personne n'a de réponse pour Philippe... En désespoir de cause, il dépose une requête auprès du procureur de sa ville.

Benjamin est resté quelques mois dans une pouponnière avant d'être confié à un couple de parents adoptifs, qui l'a accueilli à bras ouverts. Alors que la procédure d'adoption est sur le point d'être bouclée, les nouveaux parents découvrent, catastrophés, que Philippe a reconnu son fils *in utero*, et qu'il a déposé une requête pour retrouver sa trace. S'ensuivent six ans de batailles juridiques inextricables. Un premier jugement donne raison à Philippe contre les parents adoptifs, qui font immédiatement appel. Le jugement d'appel déboute Philippe, qui saisit la Cour de cassation. Finalement, un troisième et ultime jugement est rendu : Philippe est bien le père biologique et légal de Benjamin, qui doit lui être rendu.

Heureusement, Philippe n'arrachera pas Benjamin aux parents qui l'élèvent depuis six ans. Il voulait juste que son fils ait une trace de son existence, et des preuves que son père est là, quelque part, et n'a pas voulu l'abandonner. « Pour qu'il sache qu'il ne vient pas d'un trou noir », dit-il.

L'histoire de Philippe et de Benjamin pose tragiquement une question nouvelle, qui pouvait sembler incongrue il y a encore quelques décennies : qu'est-ce qu'un père ? Même la loi ne le sait plus ! Dans un premier temps, elle répond : Philippe, le géniteur (sans d'ailleurs prendre la peine d'effectuer un test ADN : la reconnaissance préalable suffit, aux yeux de la loi, pour en faire un père potentiel !). Puis, face aux protestations véhémentes et ô combien compréhensibles de l'homme qui, depuis plusieurs années, aime et élève Benjamin, elle décide que, finalement, ça ne peut être que cet homme-là, le père. Avant de revenir une nouvelle fois sur sa décision : comme au temps des Romains, le père serait le premier qui a déclaré « cet enfant est le mien »... C'est absurde, et très déboussolant pour tout le monde. Parfois même terrifiant : ainsi, un avocat m'a raconté l'histoire de cette mère célibataire, qui suggérait à chacun de ses nouveaux compagnons de reconnaître son fils, avant de contester cette paternité quand son couple battait de l'aile... À onze ans, le petit garçon avait déjà fait l'objet de la demande de reconnaissance de trois « pères » différents...

Bien sûr, avant, c'était plus simple : le père était le mari de la mère, ou, au pire, celui qui reconnaissait l'enfant à sa naissance en lui donnant son nom. Tant pis pour les enfants qui passaient à travers les mailles de ce filet : ils étaient des enfants « sans père », sans nom, sans droits ; tant pis aussi pour les femmes qui avaient le malheur de « tomber » enceintes, comme on tombe malade, sans avoir de mari reconnaisseur d'enfant. La littérature du XIXe siècle regorge d'histoires poignantes d'enfants bâtards et de filles mères... Heureusement, les temps ont changé. Déboulonner le patriarcat, c'est aussi sortir de la honte et de l'opprobre cette cohorte de malheureux, et donner à chaque individu liberté, égalité et fraternité, quelle que soit l'histoire de sa conception et de sa naissance. En modernisant les droits de la femme, mais surtout de l'enfant, la loi a rétabli un équilibre qui était trop souvent à leur désavantage.

Un des derniers grands coups porté au patriarcat, qui a fait frémir et hurler le monde des psychanalystes, est la loi qui autorise les parents à choisir le nom de famille que portera leur enfant : finie la préférence automatique et obligatoire pour le nom du père. Les lacaniens, pour qui tout se construit autour de ce nom et de la transmission paternelle, ont violemment protesté : comment oser bousculer toute l'architecture de notre ordre symbolique ? Nous fabriquons des générations qui vont « errer, sans pères et sans repères », nous a-t-on prédit. Depuis des centaines d'années, les enfants n'ont plus trace de leur mère dans leur nom et personne ne s'indigne. Mais lorsque cela devient possible pour les pères, tout le monde s'affole ! J'admets que cela va nous poser un certain nombre de problèmes – que les Québécois, qui pratiquent la chose depuis plusieurs décennies, semblent gérer sans trop de difficulté. Mais est-ce que le fait d'avoir jusqu'alors mis du côté du patriarcat toutes les fonctions de transmission et de séparation, depuis toujours, nous a conduits à un état absolument idéal où les névroses n'existent pas, où la vie est harmonie et où tous les enfants se portent à merveille ?

« Et les droits des pères, dans tout ça ? » commencent à s'insurger les dominants d'hier, qui se retrouvent de plus en plus souvent en position de dominés, voire de victimes. Même si la loi, depuis quelques années, devient plus réactive aux changements qui s'opèrent dans la société, les progrès de la science et la modernisation des mœurs la précèdent souvent encore, surtout en matière de paternité. Une multitude de cas de figure font surface, auxquels ni elle ni nous ne savons toujours quoi répondre. Depuis que les femmes maîtrisent leur fécondité grâce aux progrès de la contraception, voilà qu'on voit des hommes « tomber en paternité » d'enfants non désirés, qu'ils peuvent se voir tout de même sommés de reconnaître et d'assumer financièrement. D'autres sont tirés de leur tombe pour être reconnus *post mortem* dans leur statut de père. Des pères et des beaux-pères évincés doivent se battre pour faire valoir leurs droits, et c'est comme si, à chaque jugement, il fallait réinventer la paternité.

Au Brésil, une émission de télé-réalité s'est même emparée du sujet pour en faire un spectacle : la production prend en charge les tests ADN des enfants des parents candidats (ou, le plus souvent, de la mère). Le soir de la diffusion, les résultats des tests sont révélés en direct, à la mère, au père, et aux millions de téléspectateurs réjouis ou horrifiés de voir de pauvres bougres dépossédés en quelques secondes de leur paternité (et découvrir, par la même occasion, qu'ils ont été cocus) ; des « mauvais pères » refuser leurs responsabilités, malgré l'évidence génétique qu'on leur agite sous le nez ; des intimités familiales étalées au vu et au su de tous, comme un grand carnaval aux conséquences humaines évidemment dramatiques...

En quelques années, les hommes sont passés d'une virilité qui s'appuyait sur une paternité conçue comme un acte volontaire, symbolique, fort, inattaquable, plaçant l'homme à la place de père et de chef de famille incontesté, à une paternité beaucoup plus fragile, contestable et contestée, qui peut ne pas être volontaire et qui peut leur être retirée pratiquement du jour au lendemain... Et, pour couronner le tout, la loi, qui n'est que le reflet de la société qu'elle régit, tâtonne et donne « naturellement » bien vite raison aux mères, en attendant de trouver un nouvel équilibre... C'est ce que mon ami le psychologue Éric Verdier appelle la « matrivirilité », cette espèce de nouvelle puissance maternelle qui donne aux mères les mêmes pouvoirs injustement démesurés si longtemps réservés aux pères, comme dans un violent retour de balancier. Comment les hommes peuvent-ils, dans ces conditions, ne pas se sentir dépossédés de leur paternité, et de ce fait profondément fragilisés ?

Année après année apparaissent un arsenal de mesures chargées de rétablir l'égalité des droits parentaux, et en particulier ceux du père : gardes alternées, allocations partagées, livrets de paternité, congés de paternité... Une fois encore, après des siècles d'une stable domination où nul ne songeait à leur poser ce genre de questions, les hommes se retrouvent exposés, parfois violemment, à des situations pénibles et douloureuses où ils doivent se battre pour défendre leur droit à la paternité. Parfois, ils se trouvent même réduits au simple rang d'objet procréateur, dont on a « volé » le sperme presque contre leur gré...

Qui est le père ? Celui qui insémine et donne le patrimoine génétique ? Celui qui reconnaît et qui donne le nom ? Celui qui élève, aime et prend soin de l'enfant ? Et si, finalement, le plus important était la consistance parentale qui entoure un enfant ? Ce qui se passe dans la réalité est bien plus capital que toutes ces visions très fortement idéologisées qui s'affrontent pour savoir à qui va échoir le pouvoir... En attendant que la loi prenne en compte toutes ces nouvelles donnes, et y rétablisse une forme de justice, des couples et des familles se constituent, des enfants naissent, des hommes deviennent pères. Ce qui m'intéresse, moi, que ce soit dans la conjugalité ou dans la parentalité, c'est comment les individus, hommes ou femmes, pères ou mères, gagnent en liberté sur toutes leurs croyances et leurs représentations symboliques pour s'offrir le luxe d'inventer, et de réinventer chaque fois que c'est nécessaire, ce qu'ils ont envie de faire ensemble et les moyens qu'ils se donnent pour y arriver.

Conclusion

« À ce jour, les instances dirigeantes des sociétés
occidentales n'ont pas encore intégré
qu'une femme vaut un homme
et moins encore qu'un père vaut une mère. »
Élisabeth Badinter, *XY : de l'identité masculine.*

Hier la Sierra Leone ou le Liberia, aujourd'hui la Somalie ou le Tchad, et toujours le Soudan, l'Ouganda, la Somalie ou la Colombie… des dizaines de milliers de jeunes garçons sont dans le monde convertis en enfants-soldats. Ce sont des gamins qui ont parfois dix ou douze ans, dévoyés dans une guerre meurtrière, drogués peut-être, transformés en machines à tuer et à violer, parfois en bombes humaines. Ils sont capables des pires atrocités.

Pour priver définitivement un garçon de ses qualités humaines, la recette est simple, elle se déroule sous nos yeux dans des camps d'entraînement tenus par des mercenaires corrompus : arracher les garçons à leur mère et à leurs sœurs, les laisser mûrir dans un univers strictement masculin, leur transmettre la haine et le dégoût des femmes, le mépris des émotions, leur enseigner le goût du viol, les délices de l'exploitation des filles comme esclaves sexuelles ou comme servantes. Bref, leur faire investir leur pénis comme une machine de guerre, à l'instar de ces armes légères et performantes, que des enfants de plus en plus jeunes apprennent à manipuler facilement. Depuis toujours, des civilisations successives expérimentent que l'étanchéité des univers masculins et féminins prive les uns plus que les autres de leur humanité.

Les vertus dites masculines, audace, esprit de conquête, goût du risque et du défi, maîtrise de soi sont d'autant plus convaincantes qu'elles se teintent de qualités dites féminines, fidélité, don de soi, sensibilité relationnelle ; elles appartiennent ensemble à tout être humain et permettent à la fois la maîtrise du monde et sa conservation.

Un homme juste, juste un homme... il pourrait être celui qui, contrairement à son grand-père, n'a pas été élevé dans le mépris et dans la peur du féminin, celui pour qui les retrouvailles avec sa féminité première sont aux antipodes de la haine de soi, qui procède par exclusion. Ce changement passe aujourd'hui par les pères, par ce qu'ils transmettent à leurs fils de cette réconciliation en soi et avec l'autre. Il passe par les possibilités d'une alternance d'expressions et de comportements que les femmes connaissent depuis longtemps. Ces hommes peuvent jouer au foot, materner un bébé, se montrer fermes et virils avec un adolescent, échanger sur un pied d'égalité avec leurs compagnes. La ressemblance n'est pas l'identique, et les différences liées à l'asymétrie des corps persisteront toujours. Elles sont simplement plus fluides et laissent à chacun la liberté de les accommoder à sa façon. Les jeunes hommes ne se retrouvent ni dans la virilité caricaturale du passé ni dans le rejet de toute masculinité.

À charge pour les femmes d'accepter d'y perdre en sentiment de protection. À charge pour les hommes de ne pas s'arc-bouter sur les ruines d'un patriarcat perdu. À charge pour les mères de faire face à l'idée que l'enfant n'est pas un prolongement d'elles-mêmes et de ne pas se sentir jalouses des liens qui unissent le père et l'enfant. À charge pour les parents de ne pas surinvestir des enfants qui, devenant égocentriques, attendent d'être aimés et pris en charge à chaque instant.

La « maternisation de la société », la « confusion des genres » n'ont rien à voir avec la féminisation des garçons. Elles sont liées à une dérive fusionnelle que les hommes comme les femmes ont à déjouer ensemble. Les changements qui bouleversent le couple et la famille s'articulent en effet autour d'une même logique : celle de l'individu, celle d'une individualisation en marche, où le sujet s'émancipe des carcans de la morale traditionnelle et des contraintes ancestrales. Le couple et la famille sont passés d'un fonctionnement holiste, dominé par les hommes, à un groupement d'individus libres et égaux soumis à leur propre désir. S'il est un processus qui abrase les différences entre les hommes et les femmes, ce n'est pas que les hommes pouponnent ou qu'ils s'épilent. C'est que le cadre institutionnel qui leur donnait une consistance a changé. Et qu'en se « narcissisant », les hommes comme les femmes se plaisent à rêver d'amour fusion qu'aucune architecture symbolique ou réglementaire ne viendrait aérer.

Hommes et femmes se retrouvent sur un pied d'égalité pour affronter un triple défi : concilier l'amour de soi et l'amour de l'autre ; négocier les aspirations à l'autonomie et à la liberté et les désirs de symbiose ; adapter leur dualité à celle de leur partenaire en ajustant en permanence leurs évolutions réciproques.

L'évolution vers la fluidité entre les sexes multiplie les exigences et les désirs. Nous voulons tout dans la mesure où nous nous ressentons comme une totalité en soi. Nous nous voulons complets, autosuffisants, mais nous sommes dans le même temps dans la quête d'un autre qui puisse enrichir notre être sans qu'il nous en coûte trop de sacrifices. Si l'autre est soupçonné d'être la cause de notre insatisfaction, nous le quittons, car il vaut mieux cultiver son moi qu'étouffer un aspect de sa personnalité. La ressemblance des sexes a dissous la question du pouvoir, laissant à chacun le choix de l'indifférence : on peut se lier comme on peut se séparer.

Hommes et femmes sont uniformisés par cette croyance que le lien et l'amour sont une seule et même chose ; ou plutôt que le fondement du lien est le sentiment amoureux. « J'ai peur que mon enfant ne m'aime pas », confiait l'autre jour à ma consultation ce jeune papa berçant contre lui un bébé de huit mois. Le mot « amour » est employé avec une exaltation grandissante. Tous les rapports entre les personnes résident dans les fluctuations de ce sentiment, toute notre liberté tient au fait de pouvoir congédier celui que l'on n'aime plus. Le désamour rend les liens illisibles, mais ne les supprime pas. Dans la famille, on oublie de plus en plus que si l'on s'aime, c'est de surcroît, que les liens continuent d'exister malgré l'indifférence ou la haine, et aussi de par leur existence même, que le fondement des liens de parenté n'est pas l'amour. Quant au couple, cette idée lui est devenue simplement étrangère. C'est le tribut que nous payons au culte de l'autonomie et de l'individualisation des individus.

S'il est un défi que les hommes comme les femmes doivent relever ensemble, c'est de prouver à leurs enfants, filles et garçons, que l'investissement massif de la sphère privée n'est pas synonyme de repli individualiste ou de renoncement aux affaires du monde, c'est de leur transmettre le goût de construire la société à laquelle ils participent, bref, de leur apprendre à aimer davantage le monde à venir que celui de leur passé.

Remerciements

Je voudrais exprimer ma gratitude à Valérie Péronnet, sage-femme avisée et enthousiaste, qui a accompagné la gestation de cet ouvrage jusqu'à la délivrance, saluer Isabelle Seguin, l'amie fidèle, et toute ma famille adoptive d'Hachette Littératures. Un tendre baiser à Nina qui supporte sans broncher mes couvades tourmentées, et un clin d'œil à Suzanne Czernichow et Caroline Thompson, à notre *dream team* de la Pitié-Salpêtrière.

Table

Cet ouvrage a été composé
par Nord Compo

Achevé d'imprimer en avril 2009
sur les presses numériques de l'Imprimerie Maury S.A.S.
Z.I. des Ondes – 12100 Millau

N° d'édition : 07 – N° d'impression : D09/43447D
Dépôt légal : avril 2009

Imprimé en France